本书受中南财经政法大学出版基金资助

中南财经政法大学
青年学术文库

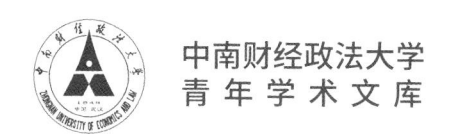

向华丽 ○ 著

外力冲击、社会脆弱性与人口迁移

External Shock, Social Vulnerability and Population Migration

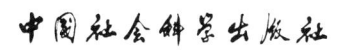

中国社会科学出版社

图书在版编目（CIP）数据

外力冲击、社会脆弱性与人口迁移/向华丽著.—北京：中国社会科学出版社，2018.7

（中南财经政法大学青年学术文库）

ISBN 978-7-5203-2346-8

Ⅰ.①外… Ⅱ.①向… Ⅲ.①人口迁移—研究—中国 Ⅳ.①C922.2

中国版本图书馆 CIP 数据核字（2018）第 076167 号

出 版 人	赵剑英
责任编辑	徐沐熙
特约编辑	王天爱
责任校对	李 畅
责任印制	戴 宽
出　　版	中国社会科学出版社
社　　址	北京鼓楼西大街甲 158 号
邮　　编	100720
网　　址	http://www.csspw.cn
发 行 部	010-84083685
门 市 部	010-84029450
经　　销	新华书店及其他书店
印刷装订	北京君升印刷有限公司
版　　次	2018 年 7 月第 1 版
印　　次	2018 年 7 月第 1 次印刷
开　　本	710×1000　1/16
印　　张	11.75
插　　页	2
字　　数	149 千字
定　　价	38.00 元

凡购买中国社会科学出版社图书，如有质量问题请与本社营销中心联系调换

电话：010-84083683

版权所有　侵权必究

《中南财经政法大学青年学术文库》
编辑委员会

主　任：杨灿明

副主任：吴汉东　姚　莉

委　员：（按姓氏笔画排序）

　　　　朱延福　朱新蓉　向书坚　刘可风　刘后振

　　　　张志宏　张新国　陈立华　陈景良　庞凤喜

　　　　姜　威　赵　曼　胡开忠　胡贤鑫　徐双敏

　　　　阎　伟　葛翔宇　董邦俊

主　编：姚　莉

目 录

前 言 …………………………………………………………… (1)

第一章 人口环境迁移的国内外研究 …………………………… (1)

 第一节 环境迁移研究概述 …………………………………… (2)
  一 环境迁移的历史发展 …………………………………… (2)
  二 本章的研究内容 ………………………………………… (4)

 第二节 环境迁移相关概念 …………………………………… (5)
  一 环境难民 ………………………………………………… (5)
  二 环境移民 ………………………………………………… (6)
  三 其他类型移民 …………………………………………… (7)

 第三节 环境迁移研究的阶段性 ……………………………… (9)
  一 环境迁移研究的产生阶段 ……………………………… (9)
  二 环境迁移研究的停滞阶段 ……………………………… (11)
  三 环境迁移研究的再兴阶段 ……………………………… (13)

 第四节 环境迁移研究的分析框架 …………………………… (16)
  一 环境迁移的简单模型 …………………………………… (16)
  二 环境变化类型驱动模型 ………………………………… (17)
  三 多要素驱动迁移模型 …………………………………… (17)
  四 环境迁移倾向效应模型 ………………………………… (20)

第五节 我国的研究现状和述评 …………………………… (22)
　　一 国内人口环境迁移的研究现状 ………………………… (22)
　　二 国内外人口环境迁移研究述评 ………………………… (25)

第二章 外力冲击与社会脆弱性的理论分析 …………………… (27)
　第一节 脆弱性研究概述 …………………………………… (28)
　　一 脆弱性研究的意义 …………………………………… (28)
　　二 脆弱性的不同学科界定 ……………………………… (30)
　第二节 社会脆弱性 ………………………………………… (35)
　　一 社会脆弱性的概念 …………………………………… (35)
　　二 社会脆弱性的要素 …………………………………… (37)
　　三 人口与社会脆弱性 …………………………………… (42)
　第三节 社会脆弱性的研究框架 …………………………… (44)
　　一 风险—灾害模型 ……………………………………… (44)
　　二 压力—释放模型 ……………………………………… (45)
　　三 区域脆弱性模型 ……………………………………… (46)
　　四 人—地耦合系统模型 ………………………………… (48)
　第四节 自然灾害社会脆弱性的度量 ……………………… (49)
　　一 社会脆弱性指数法 …………………………………… (49)
　　二 社会脆弱性指数的应用 ……………………………… (52)
　第五节 现有研究的不足和展望 …………………………… (54)
　　一 现有研究的不足 ……………………………………… (54)
　　二 研究展望 ……………………………………………… (55)

第三章 安置模式对库区移民的影响 ………………………… (57)
　第一节 水库建设的人口安置模式 ………………………… (58)
　　一 水库移民安置模式 …………………………………… (58)

目 录

　　二　三峡库区的移民安置模式分析 ………………………………（60）

第二节　不同安置模式对三峡库区农户的影响 …………………（62）

　　一　农户家庭发展的跟踪调查 ……………………………………（62）

　　二　库区后靠移民家庭经济发展状况与比较 ……………………（63）

　　三　外迁农业安置移民家庭经济发展状况与比较 ………………（68）

　　四　坝区非农安置移民家庭经济发展状况与比较 ………………（72）

第三节　库区人口迁移主要结论 …………………………………（77）

　　一　主要研究结果 …………………………………………………（77）

　　二　相关政策建议 …………………………………………………（77）

第四章　地质灾害与农户生计 ………………………………………（81）

第一节　宜昌地区概况与数据来源 ………………………………（82）

　　一　宜昌地区概况 …………………………………………………（82）

　　二　数据来源 ………………………………………………………（87）

第二节　地质灾害多发地区农户贫困成因分析 …………………（87）

　　一　农户生计贫困背景 ……………………………………………（87）

　　二　人口贫困现状分析 ……………………………………………（90）

　　三　研究设计与参数选择 …………………………………………（91）

　　四　实证分析结果 …………………………………………………（95）

第三节　地质灾害多发地区农户生计资本比较分析 …………（101）

　　一　农户生计资本 ………………………………………………（101）

　　二　研究设计与指标构建 ………………………………………（102）

　　三　农户生计资本实证比较 ……………………………………（106）

　　四　主要结论 ……………………………………………………（113）

第五章　地质灾害与农户生计脆弱性 ……………………………（116）

第一节　生计脆弱性与评估 ……………………………………（117）

一　生计脆弱性……………………………………………（117）
　　二　生计脆弱性评估………………………………………（118）
第二节　灾害多发地区农户家庭脆弱性的测量……………（120）
　　一　构建指标评价体系……………………………………（120）
　　二　熵值法确定指标权重…………………………………（124）
第三节　农户家庭脆弱性结果分析…………………………（125）
　　一　农户家庭脆弱性结果分析……………………………（125）
　　二　相关政策建议…………………………………………（126）

第六章　地质灾害与区域脆弱性………………………………（129）
　第一节　自然灾害的区域脆弱性……………………………（130）
　　一　自然灾害的社会脆弱性………………………………（130）
　　二　区域脆弱性模型………………………………………（131）
　　三　我国的灾害社会脆弱性研究…………………………（133）
　第二节　研究区域与研究方法………………………………（135）
　　一　研究数据资料…………………………………………（135）
　　二　研究方法………………………………………………（136）
　第三节　地质灾害多发地区的人口区域脆弱性……………（139）
　　一　人口与地质灾害分布特征……………………………（139）
　　二　地质灾害暴露水平分析………………………………（141）
　　三　地质灾害社会脆弱性分析……………………………（143）
　　四　灾害风险与灾害区划对比分析………………………（146）
　　五　主要结论………………………………………………（147）

第七章　结论与政策建议………………………………………（149）
　第一节　主要结论……………………………………………（149）
　　一　环境迁移理论研究……………………………………（149）

二　地质灾害分布与防控调查研究……………………（151）
　　三　人口的多重脆弱性研究…………………………（153）
　　四　人口迁移的政策研究……………………………（155）
第二节　相关政策与建议…………………………………（157）
　　一　理论研究展望……………………………………（157）
　　二　防灾减灾措施建议………………………………（158）
　　三　提高人口抗风险能力的对策建议………………（158）
　　四　人口环境迁移政策建议…………………………（159）

附　录………………………………………………………（161）
　　附录1　课题调研组实地调研影像资料……………（161）
　　附录2　致课题调研组的感谢信……………………（167）

后　记………………………………………………………（169）

前　言

在全球气候变化的大背景下,各种极端灾害频繁发生,给人类社会造成了重大影响。一般来说,人类面临的外力冲击来自两个方面:一方面来自地震、泥石流、洪水、火山喷发等灾害的发生和各种疾病、瘟疫的传播,我们称之为自然因素引起的外力冲击;另一方面来自政治冲突、战争、工程建设等人类行为,我们称之为社会因素引起的外力冲击。正常情况下,随着社会经济发展水平和科学技术水平的不断提高,人类抵御风险的工具、手段和能力也会逐步提高,外力冲击对人类的影响会由此得到有效地控制。然而实际情况却是,随着不合理的人类活动的增加,其对资源与环境的压力进一步增大,各种外力冲击发生的频率更高、影响范围更广,波及的人口更多,其造成的经济损失和社会消耗更大,给人类社会的可持续发展带来了挑战。

通过调查与研究,我们发现随着外力冲击越来越频繁地发生,环境变化导致的人口迁移现象越来越普遍,环境移民研究正在成为众多学科领域共同关注的热点问题。在最初的人口迁移研究中,都或多或少地提及了自然环境对迁移的决定作用,认为人类对空间、食物的需求及其在生产过程的竞争中给了迁移最初的推动力。20世纪中期以后,有关人口环境迁移的研究出现了较长时间的停滞,它更多的是从迁移决策的经济维度关注人力资本对迁移的影响，在这一阶段的人口环境迁移研究中，环境因素被归入价值观或满意度的内容当中，其仅仅被作为某一要素中的一类衡量指标而不是一个重要方面加以考虑，从而使其在决定人口迁移中的地位被严重地低估了。在20世纪末出现的全球气候急剧变化的背景下，尤其是由气候变化及技术进步所导致的自然灾害和技术灾害频发的影响下，环境因素对人口迁移的影响开始受到前所未有的重视。在当下的人口环境迁移研究中，环境变化往往和人口的脆弱性、贫困等问题综合起来考虑。迁移本身是抵消环境压力和冲击的有效策略，但在有些情况下，迁移作为响应策略不具有可行性：往往是较富裕的家庭才有选择迁移的可能性，对于其他贫困、较低的教育水平、社会流动性较强、缺少政府帮扶和危机防范的家庭或个人来说，迁移则很难实现。而探究这背后的人口迁移影响机制就显得十分重要。

本书认为，要阐明外力冲击和人口迁移两者间的关系，其关键在于研究二者的连接点——脆弱性。脆弱性这一概念常见于包括经济学、社会学、生态学、生理学、灾害学和人口学等多学科领域。脆弱性是区域致灾因子和社会系统相互作用的产物，是个人或某一群体暴露于致灾因子下而受到影响的可能性，强调了人类在抵御和预防自然灾害过程中的经济和社会属性，总的来看，脆弱性是一个既定的人口社会系统和区域自然系统从灾害中受到损害的敏感性，并且直接影响到准备、应对和从灾害与灾难中恢复的能力。而其中的社会脆弱性是本书讨论的重点，基于对风险—灾害模型、压力释放模型、区域脆弱性模型和人—地耦合系统模型等理论的探讨，本书希望在风险评估和风险管理等方面提出有效的政策建议。

纵观我国现阶段的研究，有学者已经意识到，我们对环境变化和生态系统压力的相互作用所导致的人口迁移相关研究很少，到目前为止，这两者的关系仍然没有被厘清，同时由于缺少系统的调查研究，相关的实证研究成果相对缺乏，导致当前的理论跟不上环境移民现象的发展。在环境变化，特别是在环境退化乃至恶化的冲击下，人口迁移将在未来呈现更加复杂多样的局面，因此，未来的人口环境迁移研究应在构建系统的理论体系上加大力度。另外，在脆弱性研究方面，由于国内社会脆弱性的研究起步较晚，加之社会经济的复杂性，使得我国对社会脆弱性的研究在理论和实践应用上都不是很成熟。首先，社会脆弱性没有一个普遍的定义。其次，没有针对社会脆弱性的专门分析框架；从研究内容来看，社会脆弱性的研究多以某一地区或者某一类自然灾害的案例分析为主，对于社会脆弱性的发生机制和内在驱动因素缺乏深入的分析，且关于社会脆弱性的动态研究比较缺乏。再次，应对社会脆弱性的政策研究不够，对于如何降低社会脆弱性没有提供良好的解决方案。最后，社会脆弱性的分析方法比较单一，社会脆弱性研究的可靠性和稳健性缺乏验证。

基于上述现状，针对现有理论研究、实证分析等的不足，本书提出的研究框架如图0—1：以外力冲击—人口多重脆弱性—响应政策为逻辑结构，分为三部分研究外力冲击、社会脆弱性与人口迁移之间的关系并提出相应的政策建议。

本书第一部分从理论分析入手，详细梳理了人口环境迁移理论和社会脆弱性理论的相关内容，不仅对两方面理论的历史沿革进行介绍，还对国内外研究现状进行详细的介绍，并指出现阶段我国在这两方面研究上的不足，以此作为本书理论研究的出发点。

本书第二部分对外力冲击与人口的多重脆弱性进行实证分析。值得一提的是，本书实证分析选取宜昌市作为研究对象，原因有两点：其一，它经常受到自然因素引起的外力冲击，因为其位于湖北省的西南部，地处长江上游与中游的结合部，是鄂西山区向

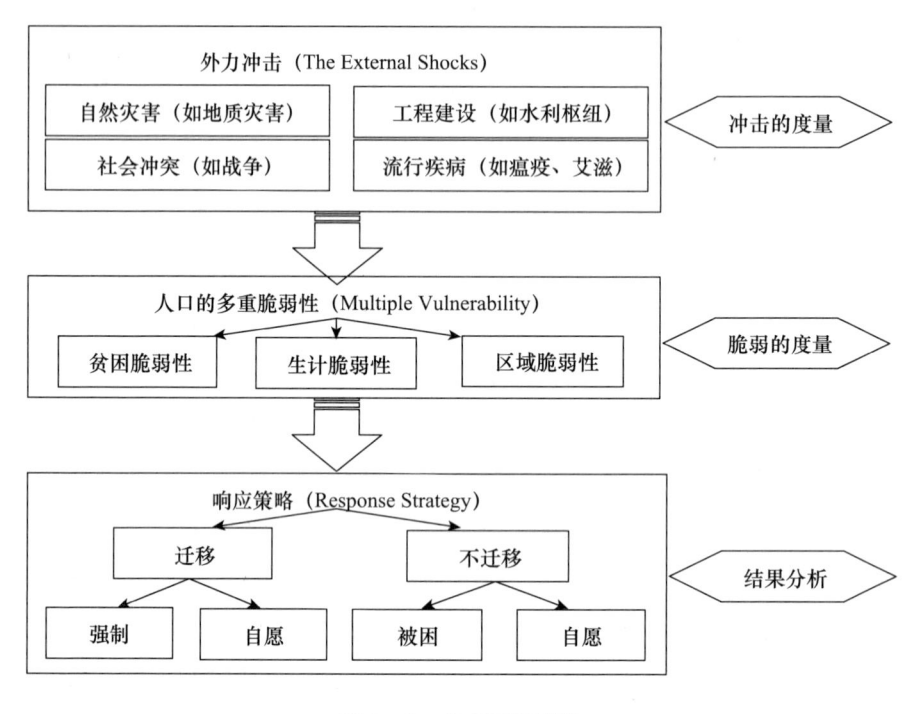

```
┌─────────────────────────────────────────┐
│   外力冲击（The External Shocks）        │
│  ┌──────────────┐  ┌──────────────┐     │         ┌─────────┐
│  │自然灾害(如地质灾害)│ │工程建设(如水利枢纽)│   │◁───────▷│冲击的度量│
│  └──────────────┘  └──────────────┘     │         └─────────┘
│  ┌──────────────┐  ┌──────────────┐     │
│  │社会冲突(如战争) │ │流行疾病(如瘟疫、艾滋)│ │
│  └──────────────┘  └──────────────┘     │
└─────────────────────────────────────────┘
                    ↓
┌─────────────────────────────────────────┐
│  人口的多重脆弱性（Multiple Vulnerability）│
│  ┌────────┐  ┌────────┐  ┌────────┐      │         ┌─────────┐
│  │贫困脆弱性│ │生计脆弱性│ │区域脆弱性│    │◁───────▷│脆弱的度量│
│  └────────┘  └────────┘  └────────┘      │         └─────────┘
└─────────────────────────────────────────┘
                    ↓
┌─────────────────────────────────────────┐
│   响应策略（Response Strategy）          │
│        ┌────┐        ┌────┐              │         ┌─────────┐
│        │迁移 │        │不迁移│           │◁───────▷│结果分析 │
│        └────┘        └────┘              │         └─────────┘
│       ↙    ↘        ↙    ↘               │
│   ┌──┐  ┌──┐    ┌──┐  ┌──┐               │
│   │强制│ │自愿│  │被困│ │自愿│            │
│   └──┘  └──┘    └──┘  └──┘               │
└─────────────────────────────────────────┘
```

图 0—1　本书研究框架

江汉平原的过渡地带，地形陡峭，海拔起伏落差大，其地层主要为碳酸盐岩和碎屑岩，遇水易发生性状改变，造成山体滑坡；其二，它还受到社会因素引起的外力冲击，由于三峡水库和隔河岩水库的修建，导致其区域内水位上升，周边山体地质岩土含水量变化，孔隙间水压力改变，而频繁发生以滑坡、塌岸为主的地质灾害，是典型自然因素和社会因素双重外力冲击作用的地质灾害频发区。此外，本书在此部分特地从宜昌水库建设工程移民视角研究人口迁移现象，探究该地区居民的多重脆弱性问题，视角独特，又具有典型性。

本书第三部分主要探讨灾害冲击下的人口迁移政策规制，这是本书的理论和实证研究的落脚点，集中体现了本书的现实意义。本书基于前两个部分关于理论的分析和典型地区的实证分析，得出针对多重脆弱性的多维度政策建议,包括:(1)在移民安置政策方面,建立的移民政策应遵循"以土为本,就地后靠为主、就近外迁为辅"原则,开发性移民的具体工作应以有效扩大库区环境容量为首要工作内容;(2)在降低农户脆弱性政策方面,要加强灾前预防和灾后补救措施,着眼于人力资本的投资,大力推进农村职业教育和职业培训,破解农户资金瓶颈,发展非农产业,发展农村小额信贷等;(3)在反贫困政策方面,宏观角度上应当加强环境治理力度,在微观角度上要推动区域教育事业发展,提高区域人口素质;(4)在减灾政策方面,防治重点应该放在灾害风险源的识别、诊断与工程治理上,重点防治区域不仅有地质灾害发育水平较高的区域,还有灾害暴露水平较高地区,政府与社会组织防灾减灾的对象应更加关注区域脆弱性更高的地区等。从多维度提出政策建议是本书的特色,也对相关政策的有效实施具有重大意义。

本书便是基于上述研究背景和研究框架而完成。作为学术专著,本书主要使用国家权威部门和各类专业机构的资料和数据,也大量引用专业文献资料,并辅以其他来源专业资料。为严肃、准确、客观起见,本书绝大多数资料引自书籍、报纸和期刊等正式出版物。所有引用资料均按学术引用规范注明出处,相信读者对其可信度自有判断。

需要特别指出的是,之所以最终形成上述的研究框架,其与我们开展研究的初衷是有所差异的。在设计之初,我们拟考察的重点是地质灾害与人口迁移之间的相互关系,并试图通过社会脆弱性这一核心要素建立二者之间的联系,并用于指导人口迁移的具体实践。但通过前期的实地调研与问卷调查,我们发现,研究区的人口迁移受到多种外在因素的影响,地质灾害和工程建设是最主要的两种外因,而且这两种外因是相互交织的,具体的研究中较难界定某一农户具体是受哪种因素的影响,原因在于三峡库区往往又是地质灾害的频繁发生区域。我们还发现，直接研究"外力冲击是怎样影响人口迁移的"以及"在外力冲击下，人口迁移是怎样发生、怎样迁移的"这些问题面临诸多的困难，原因在于就地质灾害而言，要获取足够的有关人口迁移的时间序列数据，目前来讲有很大难度。当课题组具体开展研究时，仅能够获取反映水库移民（其中就包含了部分地质灾害移民）经济发展状况的时间序列数据。更为重要的是，单就社会脆弱性而言，针对不同的对象（农户或行政区域）界定脆弱性的方式也会存在差异，脆弱性的度量需要根据风险（或冲击）、对象、目的等不同进行专门的内涵界定与度量，因此，最后形成了不同外力冲击下的多重脆弱性分析模式。此点希望读者加以鉴别。

  本书共分为七章。第一章为人口环境迁移的国内外研究，主要介绍了环境迁移理论的发展历史、相应的研究方法、国内外研究概况和现阶段我国在该理论研究上的不足。第二章为外力冲击与社会脆弱性的理论分析，主要介绍了脆弱性理论的历史沿革，提出并区分了自然脆弱性和社会脆弱性两个概念，并详细分析了我国目前的研究状况。第三章安置模式对库区移民的影响，从移民安置模式角度看外力冲击对家庭经济发展的影响，并提出如何更好地开展工程移民工作的政策建议。第四章为地质灾害与农户生计，运用 Logistic 回归模型研究分析了地质灾害多发地区农户的贫困成因，对地质灾害多发地区农户生计资本进行比较分析，并提出反贫困政策建议。第五章为地质灾害与农户生计脆弱性分析，主要介绍了生计脆弱性评估方法，并基于对灾害多发地区农户家庭脆弱性的测量评估结果，提出降低农户生计脆弱性政策建议。第六章为地质灾害与区域脆弱性，通过灾害暴露分析方法和区域综合脆弱性分析方法对地质灾害多发区区域脆弱性进行测量评估，并提出防灾减灾的政策。第七章为结论与政策建议，总结概括了全书的主要结论以及相关建议，为全书画上圆满的句号。

第一章

人口环境迁移的国内外研究

地质灾害是一种典型的自然灾害，但其发生不像地震、海啸、台风、火山爆发等纯粹由自然因素引发且完全不受人为因素控制的灾害，反而与生态退化、环境污染等类似，是人为因素与自然因素综合作用的结果，其具有不可预知的一面，也有可控的一面。

当某一区域有人类活动参与其中时，地质灾害就会给人类社会造成不可避免的影响，包括人身安全及财产损失，身处其中的人群也会自然地作出个人乃至集体的响应，我们称之为灾害响应，这种灾害响应既包括灾害发生前的积极预防，也包括灾害发生过程中的临时应变与灾害救援，还包括灾害发生后的恢复重建。其中，有一种响应策略即人口迁移，人口的迁移可能发生在灾害前，此时的迁移或者基于家庭或群体对灾害风险的主观预判而主动发生，也可能基于公共管理部门的客观论证而带有强制性的被动发生；人口迁移也可能发生在灾害过程中，一般这种迁移是为了规避风险而进行的临时性人口迁移；人口迁移还可能发生在地质灾害以后，这种迁移一般是由于生存生活环境遭受彻底破坏而发生的永久性迁移。

就人口迁移而言，存在诸多成熟的理论对人口迁移的发生进行解释，最具代表性的包括人口学领域的莱文斯坦（E. G. Ravenstein）"人口迁移法则"、人口迁移"推拉理论"，还包括经济学领域的二元劳动力市场理论。分析后我们发现，关于环境或环境变化在人口迁移中的作用或影响较少为前人所关注，缺乏人口环境迁移的专门论述或系统理论体系与方法，更勿论专门针对地质灾害人口迁移的系统论述。显而易见，这一研究现状与环境这一要素在人口迁移中对人口的作用与影响是极不相称的。

从根本上讲，地质灾害是环境变化的一种形式。地质灾害与人口迁移之间的关系完全可以放在环境变化与人口迁移之间的整体框架进行统一的论述。本章的目标即在于通过对人口环境迁移相关概念、人口环境迁移理论研究历史演替以及人口环境迁移研究的理论分析框架等方面的论述，来揭示环境变化与人口迁移之间的联系，进而对阐明地质灾害与人口迁移之间的相互作用有所启示。

第一节 环境迁移研究概述

一 环境迁移的历史发展

从人类起源至今，人口迁移现象就始终伴随着人类社会的发展过程而存在，自莱文斯坦首次从研究的角度关注人口迁移过程开始[1]，有关人口迁移的理论、方法及影响因素等的研究就不断得以丰富和完善。影响人口迁移的因素多种多样，但总体不外乎社会、经济、政治、环境四个方面。目前学界关于社会、经济、政治等方面因素主导的人口迁移研究硕果累累，在理论体系的构建上也相当成熟，比较而言，有关人口环境迁移的理论阐述却相对少见，尤其缺乏有关人口环境迁移的系统研究，即便是偶有理论对环境在人口迁移中的作用有所涉及，其作用也一般处于相对次要的地位。然而，实际的情况则是，环境变化在决定人口迁移过程中的作用可能

---

[1] ［美］埃弗雷特·李、廖莉琼、温应乾：《人口迁移理论》，《南方人口》1987年第2期。

被极大地忽视了。

纵观古今中外,环境在人口迁移中起决定性作用的历史史实不胜枚举。中国就是人口环境迁移史最为悠久的国家。黄河流域作为中国文明的发源地,曾经是汉唐的政治经济中心,但从我国2000年来人口不断向南迁徙,为寻找更加适宜的居住地这一历史事实来看,环境因素对我国历史时期人口迁移的作用不容忽视。历史上有明确记载因自然环境变化而导致人口迁移的事件最早可追溯到商代,《竹书纪年》提到"盘庚迁殷"就是因为商代的原都城位于黄河两岸,汛季水害严重,才因此迁入殷地;《魏书》中记载魏孝文帝迁都亦是受到环境变化的影响;其他如北方游牧民族南下、少数民族不断内迁等一系列规模较大、影响深远的人口迁移,自然环境因素的影响也占相当的比重[1]。国外也有许多案例证明了环境对迁移的重要影响,比如在公元前8世纪犹太王国受到其他种族的入侵[2],土地、财富、自然资源被瓜分掳掠,致使部分巴勒斯坦的犹太人向两河流域迁移,造成了历史上犹太人的第一次大离散;随着经济的发展,在18世纪末19世纪初欧洲各国人口迅速膨胀,其当时的经济体制和环境容量不能吸纳这些过剩人口[3],促成了"地理大发现"走向高潮,通过向外大量移民,减轻了过度增长的人口对欧洲土地和环境的压力等。由此我们可以看出,人口的环境迁移过程不仅是人类被动地适应环境的一个过程,其对调整地区间的人口平衡、促进历史上的土地资源开发、推动社会生产力的发展均具有重大的意义[4]。

---

[1] 吴文祥、刘东升:《气候转型与早期人类迁徙》,《海洋地质与第四纪地质》2001年第11期。

[2] 滕红岩:《巴勒斯坦居民的历史变迁》,《光明日报》2005年5月31日。

[3] [意]马西姆·利维巴茨:《繁衍:世界人口简史》,郭峰、庄瑾译,北京大学出版社2005年版,第6页。

[4] 解书森、陈冰:《环境移民:贫困地区的一种从优选择》,《中国人口科学》1988年第1期。

到了近现代，尤其是当代社会，完全由于环境变化导致的人口迁移现象越来越普遍，全球人口数量的不断增长以及人类开发自然的足迹不断拓展固然是重要原因，但大规模的城市化导致的人口集中以及科技发展所带来的环境负面效应也不容忽视。如1986年乌克兰的切尔诺贝利核电站泄漏，导致这一地区的数十万居民永久搬离该地；2005年美国遭受了卡特林娜飓风，包括多个城市在内的近百万人口暂时性迁出灾区；2008年我国四川省汶川县爆发特大地震，数百万受灾群众紧急撤离，在周边省份城市重建家园。这些事件表明，随着经济的发展，技术的进步，人类对生产生活的要求进一步提高，加上人类对自然资源和环境无休止的掠夺、破坏，自然灾害和技术灾害带来的一系列环境问题最终导致了人口迁移的发生。据国外专家保守估计[1]，在1975年至1998年，因自然灾害这类突发性的环境变化引起的财产和农作物损失超过了3000亿元，导致将近9000人死亡，到2050年，全球可能会有2亿人因环境问题而迁移[2]，而技术灾害带来的各种隐性和渐变环境问题则更是不可预估。

二 本章的研究内容

研究环境移民不仅是关于迁移理论研究视角的创新，也是切合当今生态文明建设的主题和发展方向。本章就围绕环境移民这一关键点展开，对模糊不清的环境移民定义加以界定，区分与它相近的几个术语概念，明确环境移民包含的内容，从而整理有关环境移民研究的相关理论，分阶段把握环境移民研究的发展；总结并评述几种典型的环境移民分析框架，结合我国现有的环境移民研究，指出

---

[1] Mitchell J. T., Thomas D. S. K., "Trends in disaster losses", in American Hazardscapes: The Regionalization of Hazards and Disasters, Washington DC: Joseph Henry Press, 2001.

[2] Myers. N., "Environmental refugees: a growing phenomenon of the 21st century", *Philosophical Transactions of the Royal Society*, no. 357 (2002), pp. 609–613.

当前研究的不足与难点，并对环境移民未来的研究方向作出一定的判断。虽然现今本章没有充分的证据说明环境会对人口迁移起决定性作用，但是通过对环境移民研究的梳理和总结，有利于我们进一步了解环境移民，从而为我们明确环境与迁移的关系奠定基础。

第二节　环境迁移相关概念

自20世纪五六十年代起，关于环境压力和人口迁移关系的讨论一直不温不火，并没有引起足够重视，直至20世纪70年代，环境变化所导致的人口迁移问题大有愈演愈烈之势，有关人口环境迁移的讨论才逐渐受到关注。但从研究伊始，有关概念界定就引起了广泛的争论，争论的焦点则在于究竟是用"环境难民"还是"环境移民"来界定"由于环境变化所导致迁移的人口"。

一　环境难民

环境难民最早由世界观察研究所的布朗（Lester R. Brown）在1970年提出[1]，其从生态环境的破坏角度出发，认为环境难民是"由于自然或人为原因造成的对环境的显著破坏，从而危及他们的生存或严重影响他们的生活质量，而迫使他们永久性或暂时性离开原住地"，这类破坏包括所有长期或短期威胁人类生存的物理性、化学性或生物性所造成的生态环境破坏，其影响了人们的生计或者使其生存与健康面临极大的风险[2]。而后，很多由于环境变化导致的迁移人口被界定为环境难民，如在自然灾害领域，由于地震、海

---

[1] Hinnawi. E. E., *Environmental refugees*, United Nations Environmental Programme, Nairobi, 1985.
[2] Jacobson. J. L., "Environmental refugees: a yardstick of habitability", *Worldwatch paper*, (1988), p86.

啸、干旱、水土流失、沙漠化和其他一些环境灾害问题所导致的迁移人口同样被界定为环境难民，除突发的自然灾害与慢性的环境退化导致的人口迁移以外，其他包括政府主导而产生的工程移民、生态移民也同样被界定为"环境难民"[①]。

尽管"环境难民"一词在诸多领域或场合[②]被广泛应用，但有关"环境难民"是否能够准确表达出"在环境压力条件下，环境、非环境因素和人口迁移的复杂关系"的问题却逐渐引起了有关学者的质疑。有学者认为，"难民"一词一方面具有明显的政治属性，另一方面主观地给人类和自然界定了"受害者"和"施难者"的区分[③]，明显有失偏颇。1951年《难民公约》就提到，"难民有着对被迫害的恐惧"，除非把自然环境当作施害者，"环境难民"的说法才能成立。

二 环境移民

最先使用"环境移民"一词的是Swain[④]，他认为"环境移民"既可以避免使其具有政治属性，又使这个术语具有针对性，相对于"环境难民"来说，更适合用于环境引起的人口迁移问题研究。这一术语随即得到了学界的广泛认可与赞同，国际移民组织在2007年将环境移民定义为"由于不可抗拒的突发性或渐变性的环境因素，使得其生活或生存条件受到不利影响，从而被迫或自愿离开居住地的个人或群体"[⑤]，这一概念比较全面地概括了由于环境变化所

[①] Myers. N., "Environmental refugees: a growing phenomenon of the 21st century", *Philosophical Transactions of the Royal Society* (*B 357*), (2002), pp. 609–613.
[②] 尤其是在政治领域、新闻传媒领域。
[③] 实际的情形是，很多的环境变化并不是环境本身造成的，其始作俑者恰恰是人类本身。
[④] Swain A., "Environmental Migration and Conflict Dynamics: Focus on Developing Regions", *Third World Quarterly*, vol. 17, no. 5 (1996), pp. 959–973.
[⑤] 郑艳：《环境移民：概念辨析、理论基础及政策含义》，《中国人口、资源与环境》2013年第4期。

引起的人口迁移的内涵，因而成为学术界普遍认可的定义，同时，这一概念也肯定了这种"被迫或自愿离开居住地的个人或群体"其最终迁移地的决定因素是环境变化。

从上述分析我们可以看出，环境难民同环境移民的共同点在于，其都是由于突发性的自然灾害或慢性的环境退化而导致原住地无法再居住。两者最明显的区别则在于，难民概念倾向于将表达人口迁移的"非自愿性"（或强制性）和迁移过程中特别需要提供"人道救助"；而环境移民则更为宽泛，其可以是非自愿性的，也可以是自愿性的，迁移过程也不一定需要人道救助。

三 其他类型移民

除"环境难民"与"环境移民"以外，也有学者使用其他的名词来指代由于环境变化所引起的迁移人口，譬如"灾害移民""生态移民""气候变化移民""环境污染移民"等[1]。但总体来看，上述概念均特指某一类型的环境变化移民，大多可以认为是"环境移民"的一个子类。

灾害移民指因自然灾害因素、社会灾害因素等胁迫导致的人口迁移与社会经济重建活动，具有不确定性、自愿与非自愿转换性和往复性等特点[2]。可见，灾害移民可能是由于环境变化引起的移民，但同时也可能是社会灾害。但一般学者将灾害界定为环境变化引起的灾害[3]，这种环境变化灾害有可能是纯粹的自然灾害，也可能是人为原因导致的环境技术灾害。

"生态移民"特指生态脆弱区的迁移人口，是"因为生态环境恶化或为了改善和保护生态环境所发生的迁移活动，以及由此活动

---

[1] 郭剑平、施国庆：《环境移民的理论研究述评》，《西北人口》2010年第4期。
[2] 施国庆、郑瑞强、周建：《灾害移民的特征、分类及若干问题》，《河海大学学报》（哲学社会科学版）2009年第1期。
[3] 陈勇：《对灾害与移民问题的初步探讨》，《灾害学》2009年第2期。

而产生的迁移人口"[①]。生态移民可能是生态脆弱区人口为了改善自身生存状况而自发的一种主动性经济行为[②]，亦可能是政府为了保护生态环境而主导的对生态脆弱区人口的强制性政府行为[③]。

气候移民通常也被当作环境移民的子类，是指气候引起的环境变化从而引起的人口迁移，移民是气候变化的次级影响[④]，气候变化直接影响农业产量、供水、土壤形成和虫害等，从而引起人口迁移，气候变化对移民的影响是间接的，其引起的环境变化往往不易为人所察觉，大多具有慢发性，比较而言，环境移民中的环境因素内容更为宽泛。

另外一种形式的环境变化移民是由于现代工业社会对自然资源掠夺式发展而引起的，其直接导致了自然环境的急剧恶化，我们把这类因大规模环境污染事件导致的移民称之为环境污染移民[⑤]。随着人类技术的进步，"白色污染"、石油泄漏、核污染、PM2.5等各种环境污染问题层出不穷，导致部分过度污染的区域完全不适合人类居住，从而导致了人口迁移，因此环境污染移民又可以称为技术灾害移民。和环境移民所不同的是，这一概念侧重于分析人对自然环境施加的影响，研究的针对性更强。

总结上述概念分析，我们可以将环境变化引起的人口迁移作一梳理，如图1—1所示。

[①] 包智明：《关于生态移民的定义、分类及若干问题》，《中央民族大学学报》2006年第1期。
[②] 葛根高娃、乌云巴图：《内蒙古牧区生态移民的概念、问题与对策》，《内蒙古社会科学》（汉文版）2003年第2期。
[③] 刘学敏、陈静：《生态移民、城镇化与产业发展——对西北地区城镇化的调查与思考》，《中国特色社会主义研究》2002年第2期。
[④] 郭剑平、施国庆：《环境移民的理论研究述评》，《西北人口》2010年第4期。
[⑤] 蔡林：《国外的环境移民问题及启示》，《生态环境学报》2012年第5期。

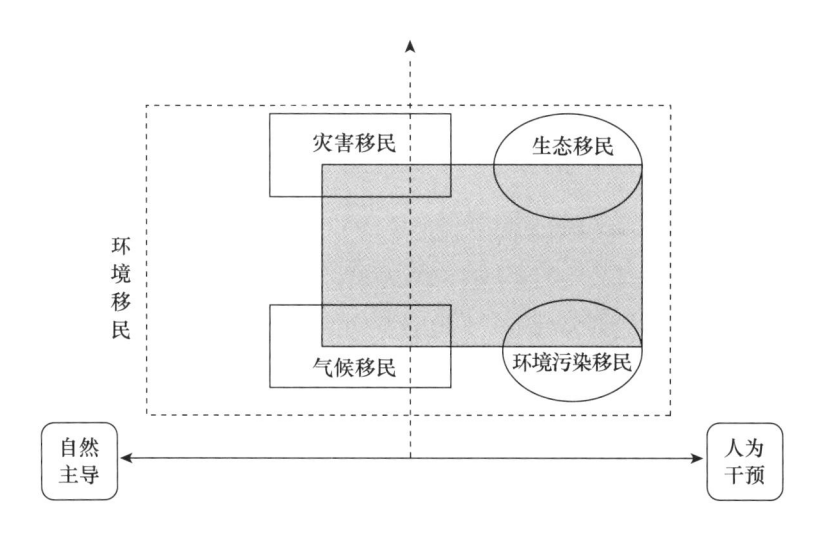

图 1—1　环境移民与相关概念关系

第三节　环境迁移研究的阶段性

一　环境迁移研究的产生阶段

在最初的人口迁移研究中，都或多或少地提及自然环境对迁移的决定作用。一些学者认为，所有生物对空间、食物和在生产的竞争中给了迁移最初的推动力①，为了寻找更好的土地、更适宜的气候和生存环境，进一步促进了人类迁移的意图和行为，早期的迁移类型学认为不管是创新的或是保守的迁移行为②，都是生态环境的"推力"作为迁移动因的参与。由此可见，学界对人口迁移过程中环境变化因素的关注由来已久。

Wolpert 是最早重点关注人口迁移过程中的非经济因素的学者，

---

① 陈秋红：《环境因素对人口迁移的作用机制分析》，《中国农村观察》2015 年第 3 期。
② Peterson W A, "A General Typology of Migration", *American Sociological Review*, vol. 23, no. 3 (1958), pp. 256–266.

也是最初将人口非经济因素满意度融入迁移模型之中的学者[①]。他提出的"压力阈值"模型认为，迁移是应对现有的居住地点环境压力的一种反映，其中压力因子主要指原居住环境的非宜居性，比如环境污染、交通堵塞、犯罪率高等。压力因子会对居民选择新的居住地产生一个推力，当压力因子的累积超过一定的阈值范围，就会迫使人口迁移。他还提到了"地点效用"，也就是人们会对迁移目的地的环境等硬件设施进行评价，来判断该地是否符合预期的满意度。在"压力阈值"和"地点效用"两者共同作用下，促使迁移或不迁移发生。其后，Speare 进一步发展了这个理论[②]，提出了在考虑改变居住地后，个人会产生一个满意度的"临界值"。他认为随着家庭需求层次的上升，某一住宅区环境和硬件设施的改善，或是随着评价这些因素的标准体系的改变，会影响人们对居住区的满意度，在 Speare 的框架中，区域是否产生环境灾害是随着评价该区域硬件设施的最相关的要素之一。

泽林斯基（Wilbur Zelinsky）在迁移转变假说中提出了个人或家庭迁移决策的观点[③]，其着重研究了现代化和迁移的关系，并认为社会和经济变化根源于现代化条件下个人自由的增加和家乡束缚降低，在人口迁移方面则提高了家庭自由选择风险小的居住环境的能力[④]，这些变化加强了迁移决策过程中的个人偏好，其迁移偏好之一则是更加倾向于从易受环境灾害影响的地区迁往少受或不受环

[①] Wolpert J., "Migration as an adjustment to environmental stress", *Journal of Social Issues*, vol. 22, no. 4 (1966), pp. 92–102.

[②] Speare. A., "The Relevance of Models of Internal Migration for the Study of International Migration", in Ed. G. Tapinos., International Migration: Proceedings of a Seminar on Demographic Research in Relation to International Migration, Paris: CICRED, 1974, pp. 84–94.

[③] Zelinsky W., "The hypothesis of the mobility transition", *Geographical Review*, vol. 61 (1971), pp. 219–249.

[④] Blackwood L. G., Carpenter E. H., "The importance of anti-urbanism in determining residential preferences and migration patterns", *Rural Sociology*, vol. 43, no. 1 (1978), pp. 31–47.

境灾害影响的地区。

总结来看，此阶段的学者已开始关注环境变化在人口迁移中的重要作用，并试图从理论上加以证明这种影响。

二 环境迁移研究的停滞阶段

20世纪中期以后，有关人口环境迁移的研究出现了较长时间的停滞，这一时期，伴随着科学技术的巨大进步，世界经济和人类社会在短短几十年中得到了空前的发展，由此带来的不仅是人类物质生活水平的提高，还使得人类过分地放大自身的主观能动性，过度"自信"地认为自然环境已经不再是限制人类生存的主要问题。在这一段时期，迁移理论研究主要集中在个人动机、经济或政治等对迁移的影响上。虽然说人口环境迁移研究在此期间没有明显的发展，但是在各个学派当中还是或多或少地涉及了环境对人口迁移的影响。

在新古典微观经济学领域中，环境因素的重要性鲜少强调，它更多的是从迁移决策的经济维度关注人力资本对迁移的影响[1]。在经济学家眼中，迁移是一种成本收益的比较，个人对迁移的投资取决于可获得的有效回报，而环境污染或其他环境问题会降低地区的吸引力。在传统经济学模型中，人口的流动是减少地域工资差异的平衡机制[2]，同时，与前人研究一致的是，经济学家也认为地区的硬件设施很重要，通过比较不同地区的硬件设施，从而决定是否迁移，其本质也就是比较迁入地和迁出地的环境。

社会学领域在这一时期关于人口迁移的重要理论成果则是提出了个人或家庭迁移决策的价值期望模型。模型成分包括目标和期

---

[1] Todaro M., *Internal Migration in Developing Countries*, Geneva: ILO, 1976.

[2] Da Vanzo J., "Micro economic approaches to studying migration decisions", in G. F. De Jong and R. W. Gardner, eds., Migration Decision Making: Multidisciplinary Approaches to Micro level Studies in Developed and Developing Countries, New York: Pergamon Press, 1981.

望,其中就包含了环境的内容,如期望中的居住舒适度指更满意的居住自然环境和更健康、压力更小的环境设施①。但在当时,主流思想仍是认为迁移主要受到社会经济因素,譬如个人或家庭特征、社会和文化背景、个人素质、价值观或目标和地区之间不同的机会结构等的影响。在影响迁移决策过程的研究中,Gardner 开始从宏观层面关注影响迁移决策过程的因素②,其提出了在迁移决策过程中起决定作用的五个因素,即"价值观""与地区相关的宏观因素""环境影响及个人期望的权重""客观限制或促进迁移因素""限制因素和促进因素的比重"。他还特别强调,在以往的研究中,"价值观"这一因素和迁移决策似乎没有直接的联系,即便有,也是通常放在人口过程中考虑,如个人的生育意愿。他创新地将"人口迁移"定义为人们在宏观和微观层面从现有居住地可得到的满足情况,使人们形成了什么样的价值观,这一价值取向引导人们选择更喜欢的居住地,这些都反映了居住地满意度是一个地区价值的重要体现。Gardner 总结得出有关人口迁移决策的研究,必须考虑所有微观和宏观因素的影响,社会的、政治的、经济的和地理环境的因素,凡是个人存在需要依赖的因素都要考虑,但环境这一因素的地位在其体系中则被明显地弱化了。

从 Gardner,Speare 等学者开始,研究人口迁移居住地选择成为社会学关注的一个重要方向,而关于居住地偏好的研究就表明了

---

① DeJong G. F., Fawcett J., "Multidisciplinary frameworks and models of migration decision making", in G. F. De Jong and R. W. Gardner, eds., Migration Decision Making: Multidisciplinary Approaches to Micro level Studies in Developed and Developing Countries, New York: Pergamon Press, 1981, pp. 13 – 58.

② Gardner R. W., "Macro level influences on the migration decision process", in G. F. De Jong and R. W. Gardner, eds., Migration Decision Making: Multidisciplinary Approaches to Micro level Studies in Developed and Developing Countries, New York: Pergamon Press, 1981, pp. 59 – 89.

迁移和环境已经密不可分了。国外的社会学研究表明①，在美国的人口净迁入城市中，城市社区的环境质量和自然气候对人口迁移模式具有重要影响，空气污染程度和健康宜居的环境是人们居住地选择的重要考虑因素②，同时，有些学者还专门论证了对较好环境质量的追求是解释区域间短期迁移（如旅游）的主要原因③。美国19世纪70年代大量的逆城市化现象则从实践层面证实了环境对人口迁移的巨大影响，优良的环境设施和自然风景成为人口逆城市化过程的主导因素之一④，而与此相对，一个地区的自然灾害或者硬件设施的缺乏就会成为迁移的重要推力⑤，在两股力量的角逐中，人们作出是否迁移的判断。

在这一阶段的人口环境迁移研究中，环境因素仍然被归入了价值观或满意度的内容当中，其仅仅被作为某一要素中的一类衡量指标而不是一个方面加以考虑，从而使其在决定人口迁移中的地位被严重地低估了。

三　环境迁移研究的再兴阶段

在20世纪末出现的急剧的全球气候变化的背景下，尤其是由于气候变化及技术进步所导致的自然灾害和技术灾害频发的影响下，环境因素对人口迁移的影响受到了前所未有的重视，根据国际

---

① Schachter J., Althaus P. G., "Neighborhood quality and climate as factors in U. S. Net Migration Patterns, 1974 – 1976", *American Journal of Economics and Sociology*, vol. 41, no. 4 (1982), pp. 387 – 399.

② McAuley W. J., Nutty C. L., "Residential preferences and moving behavior: A family life-cycle analysis", *Journal of Marriage and the Family*, (May 1982), pp. 301 – 309.

③ Hsieh C. T., Liu B. C., "The pursuance of better quality of life: in the long run, better quality of social life is the most important factor in migration", *American Journal of Economics and Sociology*, vol. 42, no. 4 (1983), pp. 431 – 440.

④ DeJong G. F., Sell R. R., "Population redistribution, migration, and residential preferences", *The Annals of the American Academy*, (January 1977), pp. 130 – 144.

⑤ Slovic P., "Perception of Risk", *Science*, (1987), p. 236, pp. 280 – 285.

移民组织预测,半个世纪之后,会有20亿人在国内外永久性或暂时性迁移[1],有关人口环境迁移的研究将成为环境学家、气候学家、社会学家共同关注的热点。水资源和土地资源的稀缺、自然风险和自然资源的争夺是气候改变影响迁移的三个途径[2]。根据在美国50个州内调查迁入迁出人口与气候变化的关系[3],证实了环境恶化是人口迁移的重要推动力。Alassane等使用发展中国家的面板数据调查气候改变、迁移和自然灾害的关系[4],得出的结果验证了自然灾害发生的数量对迁移率有明显的正向影响,且自然灾害发生强度和迁移呈现正相关关系。特别是在经济较为落后的发展中国家,由于其经济脆弱性和贫困相伴随的严重的技术落后,进一步导致了区域性的环境退化,导致环境迁移现象更为普遍。Hugo针对亚洲人口环境迁移曾有一个较权威的分析报告[5],结果显示在1975—1995年这二十年中,环境灾害曾导致亚洲发生数量庞大的人口迁移,如中国因为洪涝和干旱使大量人口发生迁移,在孟加拉国,自然灾害通常使得人口被强制性地从农村迁移到城市。

总体而言,发展中国家因其过快的人口增长和过快的城市化使它们在应对气候变化时更脆弱、更难适应,它们经受着双重打击:一方面,气候变化对区域内人口的健康、收入乃至成长产生重大的影响,由于贫困使他们在面对气候变化时更加脆弱;另一方面,随着区域内自然灾害数量的增加,区域内有较强经济实力(其往往又

---

[1] 陈秋红:《环境因素对人口迁移的作用机制分析》,《中国农村观察》2015年第3期。

[2] Naude W., *Conflict, Disasters, and No Jobs: Reasons for International Migration from Sub-Saharan Africa*, Working paper RP2008/85, World Institute for Development Economic Research (UNU-WIDER) (2008).

[3] United Nations Population Division: International Migration flows to and from selected countries: the 2008 revision, 2009.

[4] Alassane Drabo, Linguère Mously Mbaye, "Climate Change, Natural Disasters and Migration: An Empirical Analysis in Developing Countries", *Discussion Paper*, no. 5927 (August 2011).

[5] Hugo. G. J., "International Migration Review", *Ethics, Migration, and Global Stewardship* (*Special Issue*), vol. 30, no. 1 (Spring 1996), pp. 105 – 131.

具有较高的受教育程度）的人会选择迁移，其结果就是在迫切需要有技术和学历的人处理自然灾害造成的损失时，却发生了大量人才外流现象。这个"环境迁移怪圈"往往使贫困人口陷入更加贫困、脆弱的窘境。

由此，在当下的人口环境迁移研究中，环境变化往往和人口的脆弱性、贫困问题等综合起来考虑。迁移本身是抵消环境压力和冲击的有效策略①，但在有些情况下，迁移作为处理策略不具有可行性。较富裕的家庭才有选择迁移的可能②，对于其他贫困、较低的教育水平、社会流动性较强、缺少政府帮扶和危机防范的家庭或个人来说，迁移则很难实现。进一步说，即使有机会去迁移，因为成本高昂，贫困人口也只能迁到相对于原住地来说较为安全、但自然灾害仍然易发的地区。由此，就会产生另一种迁移形式——多层次模型③：家庭中的部分成员永久迁移他地，另一部分留在原住地。家庭通过在不同时期送出一个或几个成员，特别是青少年，到其他地区生活，来减小气候等环境变化带来的脆弱性，以获得更好的生活条件，为家园增加外汇收入，保证家庭在本地的生存延续。

---

① Maxmillan Martin, Motasim Billah, Tasneem Siddiqui, Chowdhury Abrar, Richard Black, Dominic Kniveton, "Climate-related migration in rural Bangladesh: a behavioural model", *Population and environment*, vol. 36 (2014), pp. 85 – 110.

② Chan N. W, "Choice and constraints in floodplain occupation: the influence of structural factors on residential location in Peninsular Malaysia", *Disasters*, vol. 19, no. 4 (1995), pp. 287 – 307.

③ Ezra M., Kiros G., "Rural out-migration in the drought prone areas of Ethiopia: a multilevel analysis", *International Migration Review*, vol. 35, no. 3 (2001), pp. 749 – 771.

第四节 环境迁移研究的分析框架

一 环境迁移的简单模型

Richmond 将环境引发的移民区分为主动移民和应激移民[①]。他指出环境的破坏比其他因素更有可能迫使人们迁出，环境移民的诱因可以是自然环境因素，也可以是同自然资源相关的人口压力因素，如土地的分配、财富的占有等，因此，发展中国家比发达国家更容易出现环境移民，其中，自然环境中的灾害事件是环境移民的主要原因。同时，他强调各个因素并不是单独作用于迁移，可能一些迁移主要是由于自然灾害引起的，但也受到了地区其他环境因素或限制或促进的影响，比如，过度的开垦，乱砍滥伐或其他人类的过度利用增加了生态环境的脆弱等，这些环境因素的存在对迁移来说起到了促进的作用，见图1—2。

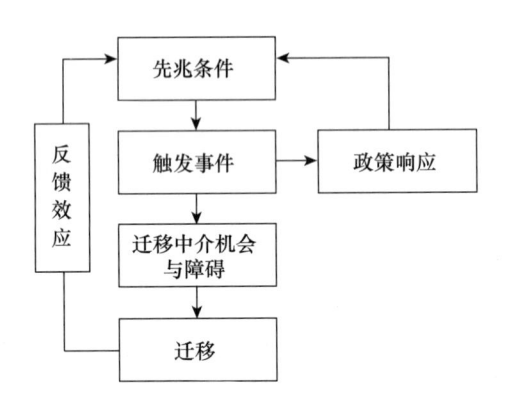

图1—2 Richmond 构建的环境移民简单模型

① Richmond. A., "The Environment and Refugees: Theoretical and Policy", *Revised version of a paper presented at the meetings of the International Union for the Scientific Study of Population*, Montreal, (August 1993).

该模型还强调了反馈效应的重要性。一方面，迁移本身会对迁出地产生一定的积极作用，有利于减轻迁出地的人口过多对环境产生的压力，从而降低自然灾难的发生率。另一方面，迁移政策的正确引导对人口分布结构的优化和地区环境的改善有积极作用。Richmond 提出的模型仅仅只是一个粗略的、高度概括的框架，但是也形象地反映出了环境移民连锁性的特征，为以后模型的提出奠定了思想基础。

二　环境变化类型驱动模型

Renaud 提出了一个较为全面的导致人口迁移的环境因素体系[1]，见图 1—3。他认为突发环境灾害和渐变环境灾害均造成了一系列需要不同体系和政策干预的迁移模式。环境改变的速度对人口的迁移本质有着重要的影响。突发环境灾害和渐变环境灾害分别导致了周期性迁移和永久迁移。

Renaud 认为，在环境迁移中，有效管理具有关键性的作用。人们是否成为移民、如何移民和移居何地都受其影响。环境导致迁移，包括环境的状态，都受到个人或社区处理能力或适应能力的影响。这一框架帮助我们厘清环境移民因素体系和政策框架，判断得出是否应该发生环境移民，也可以鉴别某一居住地是否需要管理方法。

三　多要素驱动迁移模型

多要素驱动迁移概念模型是一个综合分析人口迁移驱动力的分析框架，见图 1—4，但该模型的主要目的是为了理解环境以及环境

---

[1] Renaud. F., Dun. O., Warner. K., Bogardi. J., "A decision framework for environmentally induced migration", *International Migration* (*forthcoming*) *accepted for publication*, (January 2010).

▶ 外力冲击、社会脆弱性与人口迁移

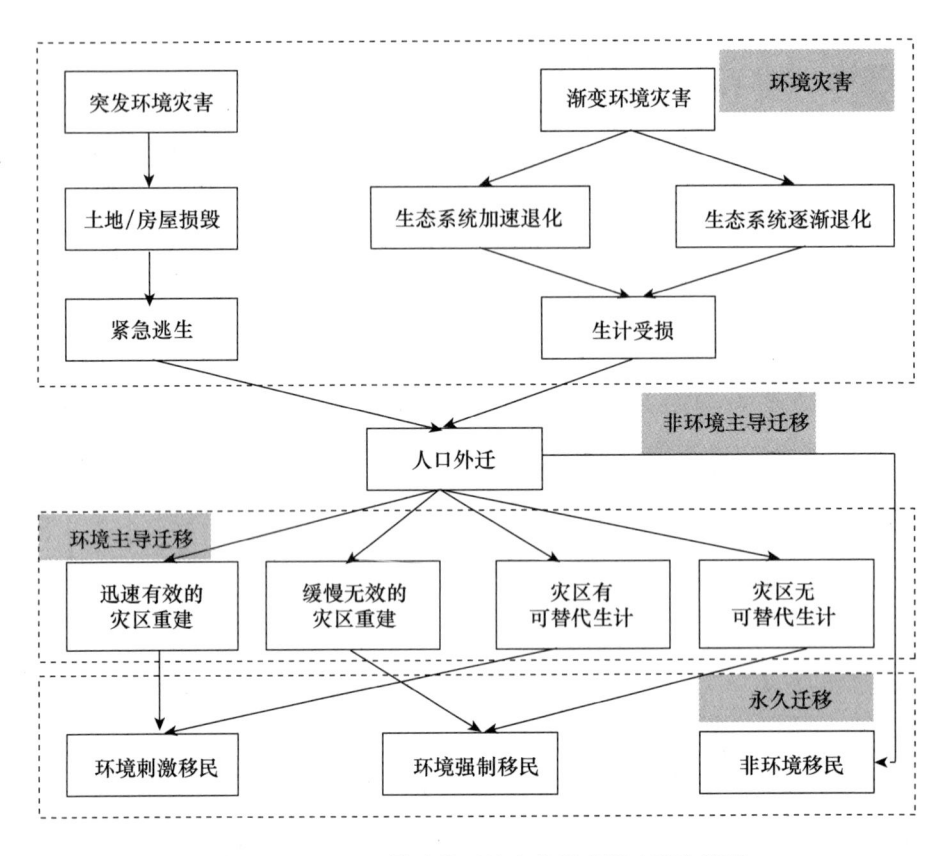

图 1—3 Renaud 构建的环境变化类型驱动迁移模型

变化对人类迁移的影响而建立的一个概念框架[①]。这个框架把环境当成驱动迁移要素的集合之一，环境的变化对驱动人口迁移有着直接或间接的影响，它也区分了迁移结果的不同类型，明确了迁移发生的空间和时间的多样性。在这之前，不管是理论层面，还是实证层面，研究调查得出的迁移原因几乎都是围绕着经济和社会要素，环境要素很少提及，或将环境仅仅当作一个诱因，而这一模型则是从影响迁移的所有要素中来观察环境变化对迁移的影响究竟达到什

---

① Richard Black, W. Neil Adger, Nigel W. Arnell, Stefan Dercon, Andrew Geddes, David S. G. Thomas, "The effect of environmental change on human migration", *Global Environmental Change* 21S, (2011), pp. 3 – 11.

么样的程度。

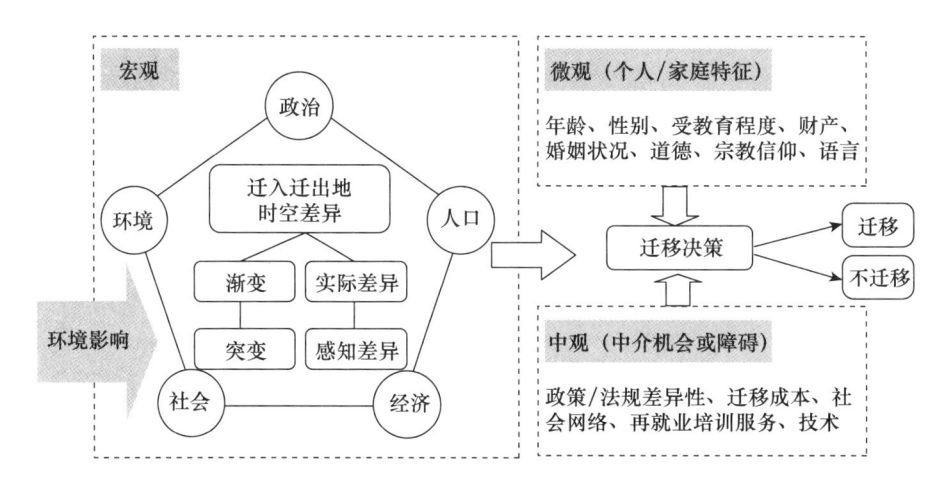

图1—4 迁移驱动因素概念模型

多要素驱动迁移概念模型总结了五种迁移因素，即经济因素、政治因素、人口因素、社会因素和环境因素。经济因素包括就业机会和收入差异；政治因素包括冲突、安全、歧视、迫害，以及公共或企业政策等，如土地所有权或者强制搬迁；人口因素包括人口规模和结构，影响发病率和死亡率的疾病流行性；社会因素包括家庭或文化期望，教育机会、文化实践，如遗传或婚姻；环境因素包括人口对灾害的暴露程度、生态系统服务的可获得性。五个因素相互联系，共同作用决定了迁移。而这些因素之间的互动影响了迁移的规模和迁移的不同范围。模型同时指出，环境不仅仅是驱动人口迁移的一个要素，同时，环境或环境变化还可能对其他各种要素产生直接影响而诱发人口迁移。

该模型重点阐释了环境要素的内涵。环境因素影响着人口对灾害的暴露程度、生态系统服务的可获得性。生态系统服务指环境为人类提供的各种资源和服务，是环境的一部分。生态系统服务的有效性、稳定性和可得性是地区宜居性的三个最基本特性。生态系统服务会受到突发事件和渐进环境问题的影响，特别是资源依赖型的经济体制受影响程度会更大，另外，在农业和渔业居主导地位的地区，干旱和土壤退化导致的减产就会引发激进的、大规模的迁移。

环境要素同其他要素的相互作用也决定了迁移的流向和规模。突发的极端环境问题比如洪涝、飓风、滑坡、地震、火灾和火山喷发等都是迁移的诱因，这些迁移相对来说都是近距离的国内迁移；对遭受环境灾害的小国家或岛屿，或者发生范围很广、不止一个国家受到牵连的情况来说国际迁移比较常见。环境要素驱动的人口迁移过程究竟是暂时性的还是永久性的？其不仅受环境变化本身的制约，同时受到了政治稳定性的制约，也有学者的研究表明[1]迁移人口回流跟年龄、收入和受灾严重程度有关，因为迁移也是通过改变居住地来维持家庭满意度的反应策略之一。

这一模型的贡献主要在于三个方面：第一，有利于进一步发展假设并开展环境变化对人口迁移影响的实证研究，现有研究极少考虑环境的变化和环境驱动因素，也没有将经济、政治、社会、人口和环境放入同一框架中进行考量，它很好地弥合了环境要素和社会、经济、政治因素的关系；第二，有利于预测迁移政策可能的后果，并提供相应的评估方法；第三，有利于研究潜在的迁移流向和模式。

四 环境迁移倾向效应模型

Morrissey 构建了人口环境迁移倾向效应模型，见图1—5[2]，其将环境要素作为一个子系统，而将其他影响人口迁移的诸要素作为另外一个子系统，从而强化了或更加明晰了环境变化在人口迁移过

---

[1] Groen J. A., Polivka A. E., "Going home after Hurricane Katrina: determinants of return migration and changes in affected areas", *Demography*, vol. 47, no. 4 (2010), pp. 821–844.

[2] Morrissey J., "Rethinking the 'debate on environmental refugees': from 'maximilists and minimalists' to 'proponents and critics'", *Journal of Political Ecology*, vol. 19 (2012), pp. 36–49.

程中的作用或地位，并认为人口迁移现象是环境和非环境因素的相互作用而导致的。在他建立的模型中，影响人口环境迁移的其他诸要素被总结为各种效应，主要包括四种效应，即叠加效应（或减法效应）、赋能效应、脆弱性效应和屏障效应。

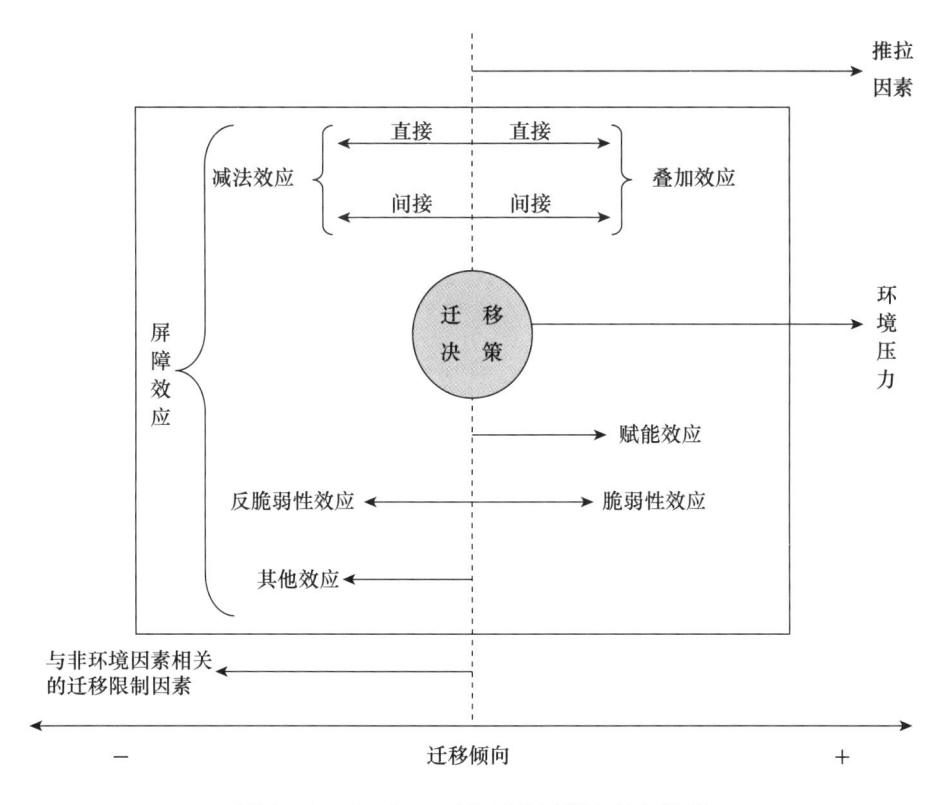

图 1—5　Morrissey 构建的移民倾向效应模型

叠加效应是指自然环境产生的压力加上非环境因素导致的迁移。叠加效应分为直接和间接两种形式，直接叠加效应是指非环境因素和环境压力一样，增加了居住地的压力，如居住地的食物供给短缺、小块土地的持有量过多等；间接叠加效应指非环境因素通过影响迁移的紧急性来提高迁移的倾向，是一种隐性的，如优质土地的持有量过少等。赋能效应是指某地区的非环境因素赋予该地区的特殊职能，这一效应不会提高迁移的必要性，而是将迁移转变成一种从优选择，其仅仅是顺应其他因素而产生的迁移倾向。举例来说，在其他环境和非环境因素相近的条件下，人们没有必要迁移，但较为优越的学校地理位置或教学条件会增加一个地区的教育职能，人们则会优先考虑拥有更好教育职能的居住地。脆弱性效应是指使居住地的物理环境发生消极变化甚至恶化的非环境因素，比如一个地区耕种技术的落后导致土地的退化，使得人们发生迁移。屏障效应是指阻碍迁移必要性的非环境因素，包括负叠加效应和反脆弱性效应，是一种负效应，也可以理解为是迁移倾向的摩擦力，如迁移家庭的规模、迁移的生存成本、劳动力市场的供求等。

在明确了这四种效应之后，Morrissey 创新地将模型置于一个坐标轴中，通过在迁移决策中比较四种效应的力量，其中叠加效应、赋能效应和脆弱性效应会增加迁移的倾向，屏障效应则相反，对迁移产生拉力。这种与坐标轴相结合的模型便于我们直观看出各方因素之间的较量和牵制，但略显不足的是，Morrissey 虽然试图将人口迁移的诸因素归纳整合，但并没有根据这四种效应总结出一套完整的指标体系，也就无法量化各种因素。

第五节　我国的研究现状和述评

一　国内人口环境迁移的研究现状

我国专门针对人口环境迁移的研究起步较晚，人口迁移中的环境因素最早受到关注源于我国广泛存在的贫困问题，而贫困问题往往又和我国广泛存在的自然灾害频发现象是紧密联系在一起的。我国于20世纪80年代中期开始探索和创新一种新的扶贫方式[①],试图通过异地开发,把处于贫困状态的农民由生存环境极度恶劣的地区迁移出去,通过人口流动缓解部分地区日益加剧的人口对生态环境的压力[②],一些学者认为人口迁移是解决贫困农民资源匮乏的基本手段之一[③],它直接反映出人类与环境、人口与资源、劳动力与生产资料的对比关系。从社会经济的角度出发,人口迁移将资源贫乏地区过剩的劳动力导向资源丰厚、劳动力相对稀缺地区,从而为资源相对贫乏地区过剩劳动力与生产资料的平衡提供了可能性,缓解了资源相对贫乏地区所受的资源与环境的制约,由此为发展经济提供了必要的物质前提;从人口的角度出发,随着生产能力的扩大、物质财富的增多,文教卫生等社会事业也会逐渐得到发展,人口迁移有利于提高移民的人口素质,调整人口分布,优化资源配置。这一段时期的研究没有明确地给环境移民下一个定义,也没有深入探讨导致人口环境迁移的内在机制,研究仅停留在人口环境迁移所带来的效应上。这一时期的人口环境迁移研究总体缺乏相应的理论支撑,更加缺少对应的方法体系。

在全球性的气候变化、自然灾害加剧等背景下,加之环境所导致的迁移现象不断地扩大,人口环境迁移才逐渐为我国学界所重视,成为独立的需要专门研究的现象或问题,而不是依附于贫困、自然灾害等的附属问题。从目前的研究来看,研究的重点还主要在于廓清有关的基本概念和建立有关环境移民的分类体系。

徐江等在《论环境移民》一文中将人口迁移研究引入了环境移

---

① 彭真志:《"环境移民"是贫困人口脱贫致富的良好途径》,《西北人口》1998年第1期。
② 张车伟:《关于人口迁移理论的一种生态学观点》,《中国人口科学》1994年第1期。
③ 解书森、陈冰:《环境移民:贫困地区的一种从优选择》,《中国人口科学》1988年第1期。

民的概念①，文中将环境移民定义为"由于人们赖以生存的自然环境恶化而引起的人口迁移，是在特定的环境背景下，区域人口环境容量不足以承载过多的人口而造成的移民"。其原因包括自然灾害、生态环境退化、环境污染等环境因素，将环境移民分为了"环境灾害移民""生态移民"和"环境污染移民"三种类型。该文从人口环境容量出发，指出环境引发的迁移有三个必然要素：人口总数超出人口环境容量的人口超负荷区域，人口环境容量大的人口不饱和区域，移民的意愿（包括通过强制性手段而被迫实现的意愿）。环境移民实质就是人口从人口压力大的区域向人口压力低的区域流动的过程。

由于我国幅员辽阔，地质类型复杂多样，因自然灾害导致的人口环境迁移现象频繁发生，因此灾害移民作为一种特定形式的环境移民受到广泛关注。关于灾害与移民的问题，陈勇认为可分为灾前移民和灾后移民，或可返回性移民和不可返回性移民②。灾害导致的人口迁移是人类面临灾害风险的一种适应性对策，自然灾害并非必然意味着人口迁移，而是在灾害诱导下产生的一种人口被迫迁移。

另外，由于环境移民和生态移民存在一定的交叉，加之我国突出地强调生态文明建设，因此国内研究常常将这两者并没有严格地加以区分使用。对于生态移民，国内有几种典型的理性分析：一是从恢复生态、保护环境、发展经济出发③，通过人口迁移的方式，把原来高度分散于环境脆弱地区的人口，集中起来形成新的村镇，在生态脆弱地区达到人口、资源、环境和经济社会的协调发展；第

---

① 徐江、欧阳自远、程鸿德等：《论环境移民》，《环境科学》1996 年第 3 期。
② 陈勇：《对灾害与移民问题的初步探讨》，《灾害学》2009 年第 2 期。
③ 刘学敏、陈静：《生态移民、城镇化与产业发展——对西北地区城镇化的调查与思考》，《中国特色社会主义研究》2002 年第 2 期。

一是从产业结构出发[1]，将人们从过度依赖自然环境的简单农牧业中转移出来，向高科技农牧业、工业和第三产业逐步转移；还有从环境承载力的角度[2]，在保护迁入地和迁出地生态环境的基础上，将生态脆弱地区的生态超载人口转移到生态人口承载能力相对高的区域。从这些研究我们可以看出，我国生态恶化地区也是贫困人口的集中地区[3]，这一特殊现实也决定了我国的生态移民问题往往同贫困问题捆绑在一起。

二 国内外人口环境迁移研究述评

一些学者已经意识到，我们对环境变化和生态系统压力的相互作用所导致人口迁移或诱导式迁移相关研究很少[4]。到目前为止，两者的关系仍然没有被厘清，同时也缺少系统的调查研究，导致当前的理论跟不上环境移民现象的发展。在环境变化，特别是在环境退化乃至恶化的冲击下，人口迁移将在未来呈现更加复杂多样的局面，因此，未来的人口环境迁移研究应该在建立系统的理论体系上加大力度。有证据表明，未来移民在环境变化背景下可能会出现三种情况[5]，那就是"通过移民保障生计""大量的农村向城市移民""难民被困或产生非法移民"。

今后的人口环境迁移研究仍然存在许多疑问需要解答，主要包括：环境对人口迁移是否可能起决定性作用，如果环境不是一种决

---

[1] 王培先：《生态移民：小城镇建设与西部发展》，《国土经济》2000年第6期。
[2] 方兵、彭志光：《生态移民：西部脱贫与生态环境保护新思路》，广西人民出版社2002年版，第72页。
[3] 包智明：《关于生态移民的定义、分类及若干问题》，《中央民族大学学报》2006年第1期。
[4] Warner K., "Global environmental change and migration: Governance challenges", *Global Environmental Change*, vol. 20, no. 3 (2010), pp. 402–413.
[5] United Nations Population Division: International Migration flows to and from selected countries: the 2008 revision, 2009.

定性因素，那么它对人口迁移的影响程度究竟有多大？某个地区的环境危机是否达到了迁移的"压力阈值"，而界定这一临界点的指标又是什么？环境变化带来的消极影响能否被规避？具有哪些特征的人群需要迁移？哪些人群可以适应这些环境变化？尽管这些问题我们目前可能还无法明确回答，但能明确上述问题也可以说是一种巨大的进步，其激发了我们进一步研究人口环境迁移问题，明确了我们需要不断为之努力的方向。

在理论与方法层面上，人口环境迁移研究应该趋向于使用多样的分析方法，特别要注重指标体系和定量分析方法的构建，从而促进理论发展。理想上我们可以通过抽样调查的形式，收集特定地区的多维度数据，但是这在近些年比较难以实现。一方面，关于自然环境、社会人口和迁移历史的数据有待整合；另一方面，环境、气候和经济的指标体系需要进一步完善。定量分析和量化数据需要和不同的研究方法相结合，比如多维度数据分析，主体建模，微观模拟或者系统动态模型等，有助于解答环境因素和迁移行为关系的问题。

在实证研究上，环境移民需要结合更多的实证案例，综合利用热点分析、案例深入分析、模块化分析等方法，系统比较分析环境和迁移的相互关系。通过选取极具代表性的地区作为研究热点，进行深入、综合地研究，从而在特殊性中寻找普适性的规律；同时，在环境迁移中加入模块化方法研究，避免出现以偏概全的错误。通过研究地区的环境和迁移政策，提高政策制定的意识和积极影响。在翔实数据作为支撑的基础上，研究环境移民理论来指导迁移政策的制定和实施。克服不同学科的障碍，跨领域地研究环境移民过程，发展环境移民新的研究方法。

第二章

外力冲击与社会脆弱性的
理论分析

社会脆弱性是包括经济学、社会学、心理学等社会科学和灾害学、环境科学、生态学乃至医学等广为应用的一个概念。在灾害学领域,著名人文地理学家 Gilbert F. White 早在 20 世纪六七十年代就关注到并开始研究自然灾害的社会脆弱性问题,原因在于,一般只有在有人类存在的环境中所发生的自然灾害才会直接且显著地影响到人类自身及其社会经济生活,换句话说,只有在自然环境与社会环境交互作用的情景之下,自然灾害的社会后果才能得以体现,自然灾害所造成的社会后果一方面取决于自然灾害本身的类型与强度,另一方面还取决于自然灾害区域人群的经济、教育、制度等人类社会本身的状况。由此产生了一个问题,如何建立自然灾害与人类社会之间的联系问题。目前学术界较为一致认可的就是社会脆弱性。

但是,一方面由于脆弱性以及社会脆弱性在不同的学科语境中存在众多的解读与度量,如社会科学领域的贫困脆弱性、生计脆弱性广为人知,再如自然科学领域的生态脆弱性、水环境脆弱性乃至地质灾害滑坡体的脆弱性。由此导致几乎所有的现有研究在具体研究脆弱性问题时,面临的首要问题就是明确研究的问题或对象,界定其在研究中脆弱性具体的内涵,然后才能具体地采用合适的研究方法。

同样,社会脆弱性这一概念也是联系地质灾害与人口迁移(人口迁移是自然灾害或其他外力冲击作用于人类社会所可能产生的一种结果)之间的纽带。因此,本书也遵循这一思路,针对地质灾害问题,在对脆弱性研究进行概述的基础上,对社会脆弱性概念进行梳理,并对社会脆弱性的现有研究框架进行评析,最后论述可能的度量方法,从而奠定本书的研究基础。

所不同的在于,就本书研究的具体人群或社区而言,一方面,其在面临地质灾害这一风险和冲击的过程中,同时还面临大型工程建设所产生的冲击,而这两种作用又往往交织在一起发生耦合作用。因此,为了更好地分析与解决实际问题,我们将地质灾害和大型工程建设统一界定为外力冲击以全面地表征风险。另一方面,从微观(具体的农户)的角度看,其脆弱性不仅涉及其在发生迁移后的贫困脆弱性问题,还面临由其现实社会经济条件所决定的生计脆弱性问题,从政府宏观调控的角度,其调控的对象更应该是区域内不同区与区之间的协调与联系,这样就产生了所谓区域脆弱性问题。我们统一地界定为多重脆弱性问题,由此产生了在外力冲击下的社会脆弱性理论分析。

第一节 脆弱性研究概述

一 脆弱性研究的意义

在全球气候变化的大背景下,各种极端灾害频繁发生,给人类社会造成了重大影响。以亚太地区为例,据联合国统计,2014 年全球 226 起自然灾害中约有一半发生在亚太地区,其中 85% 为严重的跨境风暴、洪水和山体滑坡，共造成6000多人死亡，7960万人受灾，造成的经济损失达到36000多亿元。其中，我国受到自然灾害的影响尤其显著，民政部2014年的统计结果显示，我国各类自然灾害共造成24353.7万人次受灾，1583人死亡，235人失踪，601.7万人次紧急转移安置，298.3万人次需紧急生活救助；45万间房屋倒塌，354.2万间不同程度损坏；农作物受灾面积24890.7千公顷，直接经济损失3373.8亿元[①]。

一般的认识是，随着人类经济发展水平和科技水平的不断提高，抵御风险的工具、手段和能力也会逐步提高，自然灾害对人类的影响应该会得到有效的控制。而实际的情况却是，随着不合理的人类活动的加剧，其对资源与环境的压力进一步增大，自然灾害发生的频率更高、影响范围更广，波及的人口更多，自然灾害的经济损失和社会消耗更大，其造成的损害给经济社会的可持续发展带来了挑战。由此，在研究领域引发了人们对传统自然灾害研究从理论到方法上的一系列思考，自然灾害的社会脆弱性得以受到学界的关注。

早期关于自然灾害的研究以自然科学为主导，脆弱性被用于自然灾害研究由来已久，并且凭借其独特的理论与方法成为分析人地相互作用程度、机理与过程、区域可持续发展的一个基础性科学知识体系[②]，研究的重点是自然系统的脆弱性，包含致灾因子的强度、频率和持续时间，强调了灾害的潜在损失，其关注的重点是自然灾害的自然层面。近年来，随着对自然灾害研究的进一步深入，人们

---

① 民政部：《国家减灾办发布2014年全国自然灾害基本情况》，2015年1月5日，http://www.mca.gov.cn/article/zwgk/mzyw/201501/20150100754906.shtml。

② 葛怡等：《中国水灾社会脆弱性评估方法的改进与应用——以长沙地区为例》，《自然灾害学报》2005年第6期；李鹤、张平宇：全球变化背景下脆弱性研究进展与应用展望，《地理科学进展》2011年第7期。

发现非极端的致灾因子也可能导致极端后果[1]。由此开始关注自然灾害背后的社会因素，逐步形成了"脆弱性源于人类本身"这一观点，于是关于自然灾害的脆弱性的研究被分为了自然脆弱性和社会脆弱性两类。脆弱性的研究也逐步从研究灾害发生的致灾因子、灾害发生的规律等灾害自身的研究过渡到灾害的社会脆弱性层面上来。来自灾害学、生态学、社会学、经济学等多个学科领域的专家学者从不同角度对社会脆弱性进行了丰富的研究，由于社会脆弱性的研究是基于脆弱性研究延伸和拓展的，人们对社会脆弱性的理解和认识仍存在不足，不同学者多是从自身学科的角度去分析脆弱性和社会脆弱性，对于社会脆弱性的理解存在差异和争议，因而至今没有一个关于社会脆弱性的普遍定义[2]，也缺乏比较完整的学科体系。本章拟从多个学科关于脆弱性的不同概念的定义着手，分析和比较不同学科对于脆弱性的定义的差异，以期理解脆弱性的本质，并以人地关系基本理论为出发点，围绕影响社会脆弱性的人口要素与灾害要素展开分析与论述，在此基础上介绍目前自然灾害领域有关社会脆弱性研究的基本理论与方法，并指出当前研究可能存在的不足与研究发展的方向，从而为后续关于自然灾害社会脆弱性的研究提供借鉴。

二 脆弱性的不同学科界定

脆弱性，也称为"易损性"，从目前的文献来看，脆弱性可以分为自然脆弱性和社会脆弱性两个方面。联合国政府间气候变化专门委员会（IPCC）的特别报告指出，致灾因子与承灾体暴露度和

---

[1] IPCC, *Managing the risks of extreme events and disasters to advance climate change adaptation: a special report of working groups I and II of the Intergovernmental Panel on Climate Change*, Cambridge and New York: Cambridge University Press, 2012.

[2] 周扬等：《自然灾害社会脆弱性研究进展》，《灾害学》2014年第2期；贺帅等：《自然灾害社会脆弱性研究进展》，《灾害学》2014年第2期。

脆弱性的相关作用是灾害风险的起源，灾害风险的物理因子是承灾体的暴露度，人文因子是脆弱性，强调每一个灾害均有社会和自然维度。灾害风险无法消除，但是降低暴露度和脆弱性是降低灾害造成损失的重要的可选择途径。

脆弱性开始于风险观念。风险的特征是事件已知或未知的概率分布。这些事件本身特点是它们的大小，包括尺度和扩展，它们的频率和持续时间以及它们的历史，包含所有影响脆弱性的风险。社会活动可以减少风险或面临的风险。

研究文献中已经有很多关于脆弱性的定义，广泛来自包括经济学、社会学、生态学、生理学、灾害学等多学科领域。不同学科的差异主要集中于风险组成的差异、家庭对风险的回应和财富结果。经济学中的脆弱性主要关注贫困或贫穷及其影响因素。从已有的文献来看，经济学一般将脆弱性界定为家庭在给定的一组相关条件下响应风险过程中的一种结果，尤见诸有关贫困的研究文献中。在经济学文献中，关于贫穷的含义和衡量形成了相对共识，但是脆弱性的概念没有得到很好的发展。大部分主流经济学文献实际上避开使用脆弱性术语[1]。但是脆弱性的概念经常被蕴含，特别是在贫穷动态文献中。脆弱性指家庭已经进入或极有可能进入贫困状态，作为面临风险和响应风险累积过程中的一种结果，这种结果（贫穷状态）往往作为一种事后状态被假定，其是政策制定者的主要关注点。这种界定已为不少经济学家所接受，并用结果来测度脆弱性（如收入变动，尤其是负面冲击）。在另一些经济学家的观念里，脆弱性则包含更多的内容，如 Coudouel 和 Hentschel[2] 指出："脆弱性是一个广泛的概念，不仅包括收入的影响，也包括健康、暴力及社

---

[1] Kanbur, R and L. Squire, "The Evolution of Thinking About Poverty: Exploring the Interactions", *Frontiers of development economics-The future perspective*. (2001), 183–226.

[2] Coudouel, A. and J. Hentschel, "Poverty Data and Measurement", *Preliminary Draft for A Sourcebook on Poverty Reduction Strategies*, The World Bank: Washington, D. C. April, 2000.

会排斥等所导致的脆弱性。所有这些都会给予家庭突如其来的影响。"

社会学中脆弱性更多地关注生计脆弱性，探讨家庭的脆弱性以及生计安全。社会学家 Moser 和 Holland[①] 定义脆弱性为"个人、家庭或社区在面临变化的环境时幸福感的不安全性"。他们指出人们进入和走出贫穷，脆弱性概念（松散定义）更好捕捉变化过程而不是静态测度。同样，他们承认脆弱性包括"生计安全"，这超出了典型经济讨论的贫穷。脆弱性在生计这类文献中被普遍使用，指的是生计压力出现的可能性，伴随着更多的压力或更高的可能性，暗含着递增的脆弱性。这样，这类文献中的脆弱性表示的是"生计脆弱性"。这种概念是前瞻性的和正在进行的一种状态。在这类文献中脆弱性具有两面性：一方面指的是风险、冲击和压力的外部性；另一方面指的是内部性，意味着手无寸铁，即在未遭遇损失的情况下缺乏缓解和应对的方法[②]。

生态环境文献显示，脆弱性一般指的是具体的脆弱性或将被毁坏的生态系统。在具体情况下，他们面临灭绝是脆弱的、生态系统倾向于不可逆过程是脆弱的。这类文献的关键观点是将脆弱性定义为与结果相关联，这个结果是以生态为中心而反对以人为中心的其他方法。这类文献集中于风险与结果，定义脆弱性为个人或群体当环境改变时面临的生计压力[③]。一直被使用的模型中包含了预期的

[①] Moser, C. and J. Holland, "Household Responses to Poverty and Vulnerability. Volume 4: Confronting Crisis in Cawama, Lusaka, Zambia", *Urban Management Programme*, Report No. 24. The World Bank: Washington, D. C., 1997.

[②] Chambers, R., "Editorial Introduction: Vulnerability, Coping, and Policy", *IDS Bulletin*, vol. 20, no. 2 (1989), pp. 1 – 7.

[③] Ahmed, I. I. and M. Lipton, "Impact of Structural Adjustment on Sustainable Rural Livelihoods: A Review of the Literature", *IDS Working Paper* 62. Institute for Development Studies: Sussex. 1999.

负面影响，如全球变暖，与气候、生态改变相关联的影响①。重点倾向于风险，而较少关注风险响应。

营养类文献中，脆弱性指的是营养脆弱性。脆弱性经常被认为是相对于正常和积极的生活所需要的食物而言食物摄入不足的可能性②，或者是遭遇因营养而生病或死亡的可能性③。这个后果的重大不区分风险和响应。营养脆弱性的典型指标是人体测量指标、化学分析和食物摄入分析。在粮食安全文献中，脆弱性被定义为风险和个人或家庭应对这些风险以及恢复能力的综合。④ 这个明确定义了脆弱性的风险—响应—结果的联系。

灾害管理文献经常将脆弱性定义为是人类易受或缺乏应对灾害事件影响的程度。可以分为两部分：（1）风险缓解或灾害准备；（2）灾害缓解。降低风险，缓解和其他应对活动经常集合在一起糅入"缓解活动"，后续应对活动指灾害缓解，尤其是从灾害区外部获得的应对资源，强调了家庭的特征是脆弱性的主要决定变量，因为很多特征影响脆弱性公式中的"缓解"和"应对"的组成部分。这些特征包括预知、应对、抵制和从灾害影响中恢复等能力。弹性隐含地属于公式中"应对"的组成部分，属于应对和灾后恢复的能力。

综上所述，不同学科对于脆弱性有着不同的界定，都是从本学科的角度来探讨脆弱性的概念，在自然灾害的社会脆弱性研究中，

---

① Dinar, A., R. Mendelsohn, R. Evenson, et. al, "Measuring the Impact of Climate Change on Indian Agriculture", World Bank Technical Paper, The World Bank: Washington, D. C., 1998.

② National Research Council, *Nutrient Adequacy: Assessment Using Food Consumption Surveys*, Washington: National Academy Press, 1986.

③ Davis, A. P., "Targeting the Vulnerable in Emergency Situations: Who is Vulnerable"? *Lancet*, vol. 348, no. 9031 (1996), pp. 868 – 871.

④ Maxwell, D., C. Levin, M. Armar-Klemesu, M. Ruel, S. Morris, and C. Ahaideke, Urban Livelihoods and Food and Nutrition Security in Greater Accra, Ghana, Research Report 112. International Food Policy Research Institute (IFPI): Washington, D. C., 2000.

脆弱性可以被定义为潜在的损失[1]，是系统易受或缺乏应对灾害事件影响的程度，是系统敏感性、应对能力和适应性的函数（World Risk Report）。脆弱性是区域致灾因子和社会系统互相影响和作用的产物，是面对自然灾害，特定个人或某一群体暴露于致灾因子下而受到影响的可能性，强调了人类在抵御和预防自然灾害过程中的经济和社会属性，总的来看，脆弱性是一个既定的人口、系统和区域对于从灾害中受到损害的敏感性，并且直接影响到准备、应对和从灾害与灾难中恢复的能力。脆弱性强调了在受到灾害事件影响时，系统的抵御、应对和恢复能力，强调了承灾体本身的敏感性，系统容易受到外界侵扰的性质[2]。灾害研究中脆弱性按照研究对象可以被分为3个不同部分：（1）自然脆弱性，也即暴露于自然灾害下的脆弱性，主要关注自然灾害发生的地理范围和分布状况，分析的是人类对易发生自然灾害的地区的占有状况和自然灾害导致的潜在损害的不同程度；（2）社会脆弱性，研究的是社会对于自然灾害的响应与处置能力，以及从自然灾害之后的恢复能力，它强调了社会因素对于脆弱性的影响；（3）地方脆弱性，是特定地理区域上暴露于自然灾害的脆弱性和社会脆弱性的总和[3]。

---

[1] Cutter S L, "Vulnerability to environmental hazards", *Progress in Human Geography*, no. 20 (1996), pp. 529 – 539.

[2] Martin L Parry, *Climate change: Impacts, adaptation and vulnerability, working group II to the fourth assessment report of the IPCC intergovernmental panel on climate change*, Cambridge: Cambridge University Press, 2007.

[3] Cutter S L, "Vulnerability to environmental hazards", *Progress in Human Geography*, no. 20 (1996), pp. 529 – 539.

第二节 社会脆弱性

一 社会脆弱性的概念

自然灾害的社会脆弱性研究的是社会经济系统对脆弱性的影响。自然脆弱性取决于极端灾害事件发生的频率、强度和地理空间分布状况，而社会脆弱性是影响特定个人、某一群体和地理区域受灾可能性、受灾损失的情况和灾后恢复的能力，社会脆弱性被认为是社会分层和不平等的产物[1]。

相对于脆弱性的概念，社会脆弱性则主要关注经济和社会系统对特定对象的影响，包括影响的原因、机制和影响程度的评估。社会脆弱性研究的是在极端灾害事件的外力冲击下人类社会系统的属性，在受到这种外力冲击的状况下，系统内部要素必然对这些不利影响作出相关响应或应对，其要素的状态和性质会受到不同程度的影响，并且通过反馈影响系统的内部结构和功能，最后表现出来的就是自然灾害的损失。

有关社会脆弱性的定义，目前存在多种表述，其中不乏具有启发性与建设性的论断。联合国大学环境与人类安全研究所（UNU-EHS）把社会脆弱性定义为个人、组织和社会没有能力抵御其所暴露于多重压力下的不利影响的能力，社会脆弱性具有复杂性、动态性和多维性，社会脆弱性研究旨在为调查、评估和制定相应对策以便减少脆弱性因子提供理论和科学依据[2]。Anderson 认为社会脆弱性是指在现存或是预期发生的灾害事件的影响下，社会系统无法承

---

[1] Cutter S L, Boruf B J, "Shirley W L, Social vulnerability to environmental hazards", *Social Science Quarterly*, no. 8 (2003), pp. 242 – 261.

[2] Warner K. "Perspectives on social vulnerability: Introduction", *Studies of the University: Research, Counsel, Education (Source)*. UNU. 2006.

受灾害事件带来的不利影响而遭受的潜在灾害损失[1]。Brooks 提出社会脆弱性是系统内在特征的固有属性，是灾害发生前系统既存的一种状态[2]。基于社会脆弱性是社会分层和不平等的产物这一基本认识，Cutter 等[3]将社会脆弱性定义为个人和家庭、群体或区域缺乏能力有效应对和适应对其生计和福祉造成影响的外部压力。其不仅是人口特征（如年龄、性别、财富等）的函数，而且与更复杂的结构如医疗保健、社会资本、生命线和应急响应（人员、商品和服务）等有关。导致不平等现象的这些社会因素和压力不仅使得不同社会群体在应对不利情况时敏感性不同，且影响灾后社会群体的应对和恢复能力[4]。脆弱性的大小或脆弱程度的高低取决于资源的可获得性和个人或群体呼吁这些资源的权利或者人类系统的暴露度[5]。

针对目前学术界已提出的社会脆弱性定义，部分学者进行了非常有意义的总结与归纳。Watts 和 Bohle[6] 把社会脆弱性的产生归结为三个方面：权利（entitlement）、赋予权力（empowerment）和政

---

[1] Cutter S L, Mitchell J, Scott M S, "Revealing the vulnerability of people and places: A case study of Georgetown County, South Carolina", *Annals of the AAG*, vol. 90, no. 4 (2000), pp. 713 – 737.

[2] Adger W N, Brooks N, Bentham G, et al, *New indicators of vulnerability and adaptive capacity*, Norwich: Tyndall Centre for Climate Change Research, 2004.

[3] Cutter S L, Boruf B J, Shirley W L, "Social vulnerability to environmental hazards," *Social Science Quarterly*, no. 84, 2003, pp. 242 – 261. Cutter S L, "Finch C. Temporal and spatial changes in social vulnerability to natural hazards", *Proceedings of the National Academy of Sciences US*, vol. 105, no. 7 (2008), pp. 2301 – 2306.

[4] Mileti, D. S, *Disasters by design: a reassessment of natural hazards in the United States*, *Natural hazards and disasters*. Joseph Henry Press, Washington, DC. 1999.

[5] Blaikie P, Cannon T, Davis I, et al, *At risk: Natural hazards, people's vulnerability and disasters*, Routledge, London, 1994. Adger W N, Kelly P M, "Social vulnerability to climate change and the architecture of entitlements", *Mitigation and Adaptation Strategies for Global Change*, vol. 4, no. 3 (1999), pp. 253 – 266.

[6] Watts M J, Bohle H G, "The space of vulnerability: the causal structure of hunger and famine", *Progress in Human Geography*, no. 17 (1993), pp. 43 – 67.

治经济（political economy）。随着研究的深入，社会脆弱性更多地被认为是人类社会的一种潜在的既存状态，其可能会影响人们应对自然灾害的方式和手段。社会脆弱性具有一定的层次，在面临自然灾害等外力冲击时，社会脆弱性具体可以分为三个层次：第一是个人和家庭的社会脆弱性，从个人和家庭属性的角度去研究社会脆弱性；第二是群体的社会脆弱性，从某一类群体的属性和特征去分析这一群体在自然灾害中暴露出来的社会脆弱性；第三是区域的社会脆弱性，研究区域或国家系统及系统内部因素相互作用对社会脆弱性的影响，探讨的是区域这一地区的社会脆弱性。周利敏[1]根据脆弱性的不同定义所涉及的核心问题的内在差异，将脆弱性的定义划分为四个不同类别：（1）"冲击论"，也即注重灾害对系统的冲击及潜在威胁；（2）"风险论"，重视灾害危险发生的可能性；（3）"呈现论"，突出系统内在特性的社会关系；（4）"暴露论"，也即强调系统的外部性[2]。

虽然学术界对于社会脆弱性的概念和内涵的认识和理解不尽一致，但是，我们通过梳理上述文献可以发现，社会脆弱性包含暴露度、敏感性、适应性三个要素，是社会中先于自然灾害存在的一种特性，影响灾前预防、受灾的程度和灾后的恢复能力，是社会不平等的产物。

二 社会脆弱性的要素

在我们具体分析自然灾害的社会脆弱性时，仍然还存在很多相关的要素值得进一步深入探讨与分析，只有明确这些要素的内涵及其相互关系，才可能更好地理解并深入研究自然灾害的社会脆

---

[1] 周利敏：《社会脆弱性：灾害社会学研究的新范式》，《南京师大学报》（社会科学版）2012年第4期。

[2] 陈宜瑜：《对开展全球变化区域适应研究的几点看法》，《地球科学进展》2004年第4期。

弱性。

(一) 灾害与灾难

从词源上分析，灾害与灾难存在很大的不同[①]。灾害（hazard）一词可以说是一个不带感情色彩的中性词，其强调的是事件本身的性质；而灾难（disaster）则更多地表现出具体事件对人类或特定群体的伤害，其强调的是对人类或特定人群所造成的严重影响及后果。举例来说，某无人区的火山爆发或山体滑坡等，无论有否发生与人类社会相关的死亡或经济损失事件，这些事件均被界定为灾害，当事件波及人员死亡或巨大的经济损失时，我们称之为灾难。另外一种表述是，灾害是对人类和地方有潜在伤害的威胁。灾难是单一的较大规模的时间，超过了地方从某一时间中有效应对和恢复的能力。但在实际的应用中，无论是国外还是国内，并没有严格地区分这二者的差异，且多以灾害一词进行表述，但明确上述二词的具体含义及指向，结合具体的语境，毫无疑问会更加有利于我们对脆弱性的认识。

灾害或者灾难有很多源头，但是我们一般把它们视为社会和自然系统、社会和技术，或者是社会自身之间的相互作用引起的。在把气候变量和气候改变作为特定的压力源，我们可以进一步把灾害区分为两个类别：一是突发性灾害，比如洪水或者飓风，但是持续的时间比较短，大概几个小时或者几周；二是慢性灾害，开始的时候非常慢，甚至很难被社会觉察到，比如干旱或者海平面上升。它们逐步影响人类，直到一个临界点才会转变成灾难。突发性灾害和慢性灾害之间在感知上和政策上的差别是显著的，公众和政策制定者可以看到洪水或者飓风，并且可以预期到必要的应对以减少灾害

---

① Blaikie P, Cannon T, Davis I, et al. *At risk: Natural hazards, people's vulnerability and disasters*, Routledge, London, 1994. Wisner, Ben, Blaikie, Piers, Cannon, Terry, Davis, Ian, *At Risk: Natural Hazards, People's Vulnerability and Disasters*, second ed, Routledge, New York, 2004.

对人和区域的影响。就慢性时间来说，却是更为困难的，因为这个慢性时间的即时影响是不那么清晰的，而且它常常难以对仅仅是一个干旱征兆还是一个完全的干旱进行区分；或者预期在22世纪气候可能变成什么样子以及海平面上升和海岸侵蚀会如何影响。

（二）风险界定差异与社会脆弱性

风险是指由灾害事件所引起的，对某一特定的环境或系统产生影响而导致灾害损失的可能性，是致灾因子、承灾体暴露性和承灾体脆弱性三者共同作用的产物。风险管理是降低自然灾害造成损失的重要措施，减轻灾害风险被联合国列入21世纪国际减灾的核心问题。

对于风险界定的差异是社会脆弱性定义产生差异的一个重要原因，社会脆弱性大小的评估也在很大程度上受到对于风险的认识和界定的影响。一方面同一群体的社会脆弱性具有两面性，比如妇女和老人一般被认为是社会脆弱性较高的群体，在面临外力冲击时，容易受到损害，而且不容易在灾后恢复，最近IPCC特别报告[1]指出女性同样是社会资本的占有者之一，是经济和社会活动和地方集体活动的主体，在减轻家庭尤其是儿童的社会脆弱性和局部风险之中，女性扮演着相当重要的角色，而老人更为丰富的生活阅历，在一定程度上也可以利用经验来降低其他群体的社会脆弱性；另一方面同一风险事件具有可能完全相反的社会脆弱性，比如我们把社会交往视为一种风险事件，在疾病传播方面，社会交往较多的人被认为更可能被感染，但是同时通过社会交往，也能获得更多的规避风险的信息，从而降低群体的社会脆弱性。

---

[1] IPCC, *Managing the risks of extreme events and disasters to advance climate change adaptation: a special report of working groups I and II of the Intergovernmental Panel on Climate Change*, Cambridge and New York: Cambridge University Press, 2012. 周扬等：《自然灾害社会脆弱性研究进展》，《灾害学》2014年第2期。

（三）弹性、适应性和社会脆弱性

Holling[①]首先运用弹性来描述这样一种状态：测度系统持续性以及系统吸收改变和干扰的能力，具体到自然灾害方面则为人口和区域变量之间保持上述关系的能力。在全球气候变化研究方面，人地交互作用的弹性理论一直是非常活跃的[②]，在主流的研究中，弹性被定义为一个系统吸收干扰然后再组织成为一个完全运转系统的能力。它不仅包括把系统恢复到此前存在的状态，还包括通过学习和适应来提升这种状态[③]。

适应性是在面对自然灾害等外力冲击时，区域（国家）的群体或者个人通过调节经济和社会系统的内部要素或状态，从而使得系统内部结构不断优化和完善，以更好地对现实环境中存在或未来发生的极端灾害事件作出响应的能力。当周围的环境发生了改变时，系统需要通过不断修正和自我完善，从而提升系统自身的适应和应对能力，降低系统的脆弱性。适应性是系统受到外力冲击的一个调节过程。适应性在全球环境变化研究中是一个非常重要的主题，但它在灾害方面的应用却不是那么普遍，相反，与适应性比较类似的减缓（mitigation）一词却应用得比较普遍，有着与适应性类似的内

---

① holling, C. S., "Resilience and stability of ecological systems", *Annual Review of Ecology and Systematics*, no. 4 (1973), pp. 1 – 23.

② Janssen, Marco A., Schoon, Michael L, Ke, Weimao, Borner, Katy, "Scholarly networks on resilience, vulnerability and adaptation within the human dimensions of global environmental change," *Global Environmental Change*, no. 16 (2006), pp. 240 – 252.

③ Adger, W. N., Hughes, T. P, Folke, C., Carpenter, S. R., Rockstrom, J., 2005. "Social-ecological resilience to coastal disasters", *Science*, vol. 309, no. 5737, 2005, pp. 1036 – 1039. Klein R J T, Nicholls R J, Thomalla F, "Resilience to natural hazards: How useful is this concept?" *Global Environmental Change Part B: Environmental Hazards*, vol. 5, no. 1 (2003), pp. 35 – 45. Folke, Carl, "Resilience: the emergence of a perspective for social-ecological systems analyses", *Global Environmental Change*, vol. 16 . no. 3 (2006), pp. 253 – 267.

涵。灾害减缓是指任何旨在减少或避免从灾害事件中遭受损害的行动[1]。与适应性类似，减灾技术的运用和计划能够提高一个系统或社会对于灾害的弹性[2]。

在灾害的研究中，脆弱性被概括为生存的能力，以及以最小的影响和损害来应对灾难[3]。它包含减轻或避免损失，控制灾难的影响，以及以最小的社会干扰从灾难中恢复的能力[4]。灾害研究中的弹性一般都聚焦于工程和社会系统，包含事前措施去预防灾害相关的损害和损失，以及事中策略来帮助应对和最小化灾害的影响[5]。综合上述分析，弹性往往描述一个对象响应事件的过程或其最终的状态，比如在灾害研究中，当它被定义为从灾害事件中反弹或者应对灾害的能力时，弹性被认为是一种结果，其包含于脆弱性中（图 2—1 (a))[6]。与过程相关的弹性则被更多地定义为持续的学习能力和承担责任的能力，从而使对象得以作出更好的决定以提高响应和

---

[1] Godschalk, David R., "Urban Hazard Mitigation: Creating Resilient Cities", in The Urban Hazards Forum. Mileti D. Disasters by design: A reassessment of natural hazards in the United States, Washington, D.C: Joseph Henry, 2000.

[2] Burby, R.J., Deyle, R.E., Godschalk, D.R., Olshansky, R.B., "Creating hazard resilient communities through land-use planning", Natural Hazards Review, vol.2, no.1 (2000), pp.99–106. Bruneau, M., Chang, S.E., Eguchi, R.T., Lee, G.C., O'Rourke, T.D., Reinhorn, A.M., Shinozuka, M., Tierney, K.T., Wallace, W.A., von Winterfeldt, D., "A framework to quantitatively assess and enhance the seismic resilience of communities", Earthquake Spectra, vol.19, no.4 (2003), pp.733–752.

[3] National Research Council, Facing Hazards and Disasters: Understanding Human Dimensions, National Academy Press, Washington, DC, 2006.

[4] Buckle, Philip, Mars, Graham, Smale, Syd, "New approaches to assessing vulnerability and resilience," Australian Journal of Emergency Management, vol.15, no.2 (2000), pp.8–14. Manyena, S.B., "The concept of resilience revisited", Disasters, vol.30, no.4 (2006), pp.433–450.

[5] Tierney, K., Bruneau, M., "Conceptualizing and measuring resilience: a key to disaster loss reduction", TR News, (May-June, 2007), pp.14–17. Bruneau, M., Chang, S.E., Eguchi, R.T., Lee, G.C., O'Rourke, T.D., Reinhorn, A.M., Shinozuka, M., Tierney, K.T., Wallace, W.A., von Winterfeldt, D, "A framework to quantitatively assess and enhance the seismic resilience of communities", Earthquake Spectra, vol.19, no.4 (2003), pp.733–752.

[6] Manyena, S.B, "The concept of resilience revisited," Disasters, vol.30, no.4 (2006), pp.433–450.

处理灾害，确定弹性是一个过程还是一种结果是最终衡量脆弱性并具体应用到减灾工作的重要环节。与全球气候变化研究相比较，灾害研究者通常认为适应性或者减缓是弹性的子集（图2—1（b）），弹性和脆弱性是有区别但又是相互联系的概念（图2—1（c））。

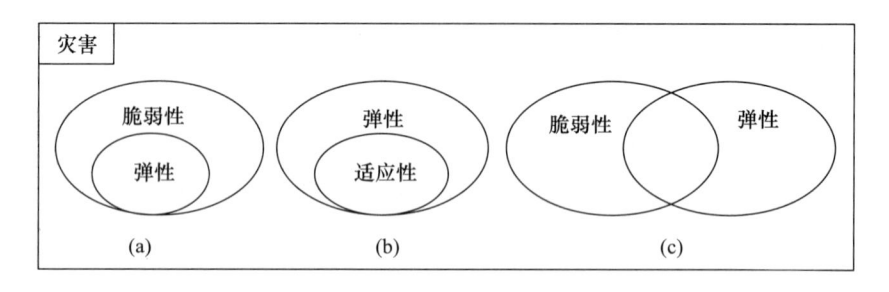

图2—1　自然灾害的社会脆弱性相关关系：脆弱性、弹性与适应性

三　人口与社会脆弱性

自然灾害中的人口，社会脆弱性明确地集中在人口统计信息和与人口相关的社会经济因素如何增加或者削弱灾害对人口的影响上[1]，换句话说，就是哪一类或者几类人群处于风险之中，以及他们受到损害或损失的不同程度。人口的社会脆弱性建构了这样一种内在逻辑，即暴露在风险事件中的全部人或群体都是脆弱的，但风险对社会的影响程度是不均等的，不同人或者群体有高低程度不同的应对能力。人群的应对能力是不相等的，与人口的属性紧密联系，人口属性是指人口自身所固有的性质和特点，可以分为自然属性和社会属性两个类别。人口的两个属性是相互作用和依存的，人口的自然属性是人口社会属性的自然条件，人口自然属性通过人口的社会属性来实现和发展；人口社会属性是人口区别于其他生物群体的根本标志。人口的自然属性是人口存在和发展的自然基础，人

---

[1] Tierney K J, Lindell M K, Perry R W, *Facing the unexpected: disaster preparedness and response in the United States*, Washington, WA: Joseph Henry Press, 2001.

口社会属性是人口的本质属性。

（一）人口的自然属性与社会脆弱性

人口的自然属性包含人口的年龄、性别、身体情况等人的生理系统本身，每个人作为生物体都会经历类似的生命周期，都会经历生老病死等生命阶段。从脆弱性角度出发，人口中的脆弱性群体主要包括儿童、老人、孕妇和残疾人等特殊群体。这几类人群在面临自然灾害等外力冲击时社会脆弱性最为突出。儿童因为正处于生长和发育的年龄阶段，在身体机能和理解能力方面都比较欠缺，其面临身体与心理方面的双重弱势，老人则由于身体机能和活动能力的逐步退化，加上疾病、由于退休而缺乏社会联系等原因，同样表现出群体性的脆弱。其他如女性、残疾人、精神病人等由于特定的原因也会在特定时期或特定灾害风险面前表现出群体性的脆弱，如妇女在孕期，身体处于高风险的状态，活动能力受到限制，其脆弱性就会表现得相对突出，又如残疾人、精神病和患病群体等由于身体原因造成活动能力或者认知理解能力的弱化，表现出很强的脆弱性。在面临自然灾害等外力冲击时，这些群体由于自身特征和所拥有社会资本的匮乏，进而对风险事件的应对能力很低，在遭受自然灾害之后，适应能力最差，受到影响程度最大，灾后的恢复能力也最差，需要社会对他们进行保护。

（二）人口的社会属性与社会脆弱性

人口的社会属性主要是指人口的社会经济关系以及与人口所在的区域的社会经济情况。主要包括与人口相联系的社会、经济、政治、文化和制度等因素。具体来说包括人口活动区域的基础设施、人口的社会经济地位、信息资源的获取能力、职业类型和收入水平差异等社会经济因素都会影响人群的社会脆弱性。在人口的社会属性中，贫困人口、移民、流浪者、文化程度低的人群的脆弱性最为典型。收入较低的人群可以利用的经济资源比较少，对于灾害也比较敏感，移民和流浪者一般难以完全融入当地社会，因而在社会资源上比较匮乏，文化程度低的群体缺乏灾害应急知识和处置能力，这几类群体的经济基础比较薄弱，社会地位也比较低，对于灾害的敏感性更强，适应能力和灾后的恢复能力也比较差，在遭受灾害冲击时，可供动用的经济、政治、社会等救灾资源少，社会脆弱性比较高。有学者研究发现受教育程度高和收入水平高的人群，其恢复能力也越强，表现出来的脆弱性也越低[1]。

第三节 社会脆弱性的研究框架

由于不同学者对于社会脆弱性概念的理解不尽一致，由此导致对于社会脆弱性的影响因素及其传导机制的理解和解释也比较丰富，但是不同学者基于各自对脆弱性概念的界定与相应的定性分析，提出了多种社会脆弱性的分析模型，为社会脆弱性的研究奠定了坚实的基础。对国内外社会脆弱性的分析框架进行分类和梳理，有四个比较经典的得到国内外学者普遍认可和应用的概念模型。分别是风险—灾害模型（Risk-Hazards Model，RH），压力释放模型（Pressure and release model，PAR），区域脆弱性模型（Hazards-of-Place Model of Vulnerability，HOP），人—地耦合系统的脆弱性模型（Coupled Human-Environmental System Model of Vulnerability，CHES）。

一 风险—灾害模型

RH 模型来源于 Gilbert F. 的开创性工作，研究的是环境与社会

---

[1] Morrow B H, "Identifying and mapping community vulnerability", *Disasters*, vol. 23, no. 1 (1999), pp. 1 – 18.

系统之间相互作用关系的理论模型，其以灾害事件为中心，把自然灾害事件导致的损失理解为暴露度和承灾体敏感性的函数，该模型对社会脆弱性研究的重要意义在于：灾害暴露首次关注了究竟是哪类群体处于危险区域，而敏感性则进一步区分了暴露群体其在社会属性方面的差异。脆弱性由灾害事件的发生而呈现，其内涵则分别隐含在灾害暴露、敏感性与灾害影响之中。模型的重点在于分析暴露和敏感性，灾害影响只是应有的结果。该模型存在一些明显的不足，模型没有涉及存在风险的系统本身通过何种机制放大或降低灾害对系统的影响，亦即适应性问题，模型也没有对受灾系统进行细分从而明确是哪些子系统或哪些要素对灾害产生了显著影响，尤其是对灾害后果有显著影响的政治经济学因素缺乏探讨[①]，其简化模型如图2—2所示。

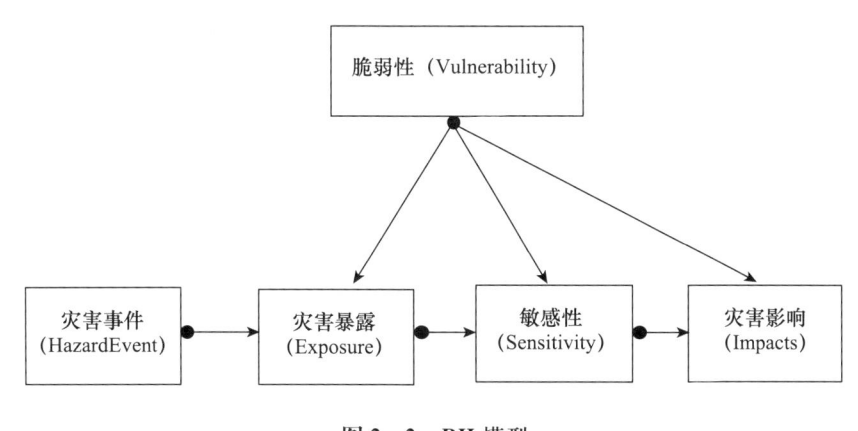

图2—2 RH模型

二 压力—释放模型

随着人们对灾害研究的逐步深入，研究人员逐渐意识到要有效

---

① Blaikie P, Cannon T, Davis I, et al, *At risk*: *Natural hazards, people's vulnerability and disasters*, Routledge, London, 1994.

地降低灾害的影响，重心不在于对灾后影响的度量，而在于灾前对灾害可能导致的风险的评估及有效的预防[①]。PAR 模型（图 2—3）用风险的可能大小来表征灾难，并将其理解为社会经济压力与灾害物理暴露总和作用的结果。在该模型中，风险明确地定义为脆弱性与灾害暴露的函数[②]。即：

$$R = V \times H$$

模型关注的重点在于对脆弱性探讨，包括导致产生暴露风险的社会条件，以及产生这些社会状况的社会因素以及脆弱性的根源等。模型特别注重区分面临灾难事件的不同社会群体，如不同的社会阶层，不同的种族等。该模型从社会层面将脆弱性的发展过程划分为三类，分别是：脆弱性根源、动态压力与不安全状况。脆弱性的根源在于"经济、人口和政治过程"，其影响了社会不同群体的权利、资源分配；在特定的区域（国家、地区）脆弱性的根源则被解释为或者具体为一定的动态压力（如迁移模式）；不安全的状态则是脆弱性在时间和空间上以特定形式的表达，如在自然环境、区域经济及社会关系等方面的不安全状态。

尽管 PAR 模型对脆弱性进行了深入的分析，但从可持续科学的角度出发，其仍不够全面。在人类—环境耦合生态系统中，脆弱性的生物物理子系统考虑得不充分，模型对灾害的因果关系没有任何细节刻画。模型刻意地淡化了灾难结果对社会的反馈。

三 区域脆弱性模型

区域脆弱性模型（图 2—4）是一个耦合风险、灾害和社会经

[①] Wisner, Ben, Blaikie, Piers, Cannon, Terry, Davis, Ian, *At Risk*: *Natural Hazards, People's Vulnerability and Disasters*, Routledge, New York, 2004.

[②] Blaikie P, Cannon T, Davis I, et al. *At risk*: *Natural hazards, people's vulnerability and disasters*, Routledge, London, 1994.

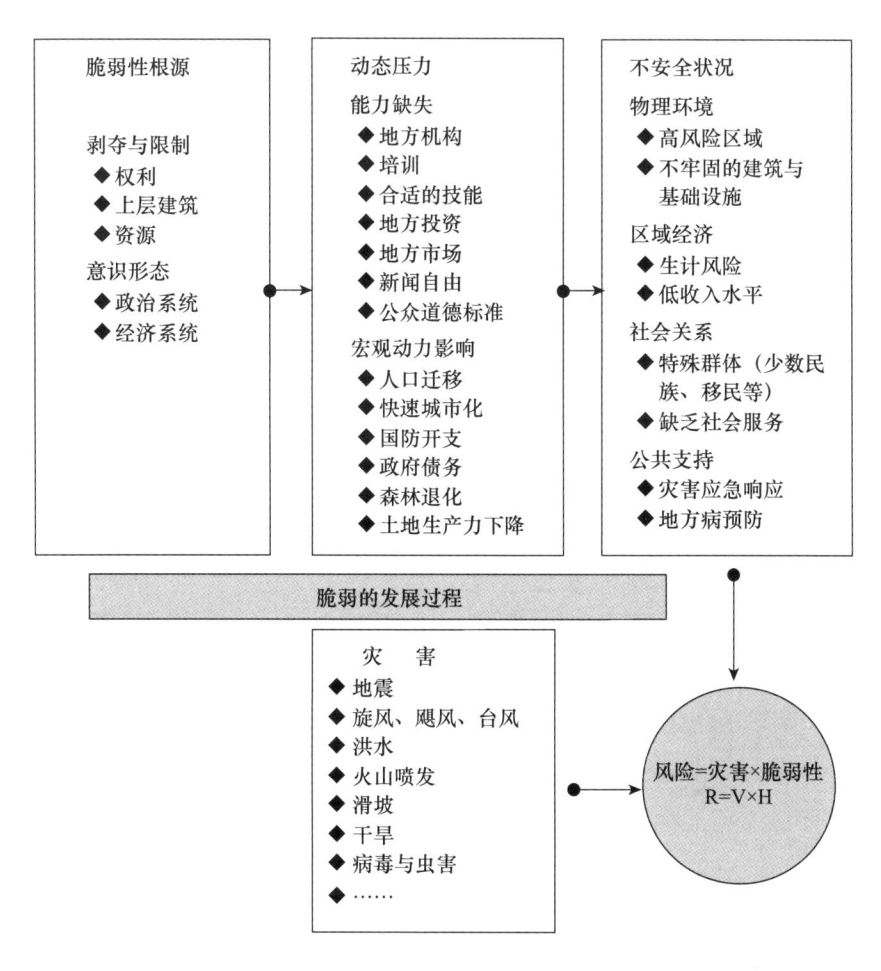

第二章 外力冲击与社会脆弱性的理论分析

```
┌─────────────────┐   ┌─────────────────┐   ┌─────────────────┐
│   脆弱性根源     │   │    动态压力      │   │   不安全状况     │
│                 │   │    能力缺失      │   │    物理环境      │
│   剥夺与限制     │   │  ◆ 地方机构      │   │  ◆ 高风险区域    │
│  ◆ 权利         │   │  ◆ 培训          │   │  ◆ 不牢固的建筑与│
│  ◆ 上层建筑     │   │  ◆ 合适的技能    │   │    基础设施      │
│  ◆ 资源         │ → │  ◆ 地方投资      │ → │                 │
│                 │   │  ◆ 地方市场      │   │   区域经济       │
│   意识形态       │   │  ◆ 新闻自由      │   │  ◆ 生计风险      │
│  ◆ 政治系统     │   │  ◆ 公众道德标准  │   │  ◆ 低收入水平    │
│  ◆ 经济系统     │   │                 │   │                 │
│                 │   │   宏观动力影响    │   │   社会关系       │
│                 │   │  ◆ 人口迁移      │   │  ◆ 特殊群体(少数民│
│                 │   │  ◆ 快速城市化    │   │    族、移民等)   │
│                 │   │  ◆ 国防开支      │   │  ◆ 缺乏社会服务  │
│                 │   │  ◆ 政府债务      │   │                 │
│                 │   │  ◆ 森林退化      │   │   公共支持       │
│                 │   │  ◆ 土地生产力下降│   │  ◆ 灾害应急响应  │
│                 │   │                 │   │  ◆ 地方病预防    │
└─────────────────┘   └─────────────────┘   └─────────────────┘
        ┌────────────────脆弱的发展过程────────────────┐
        ┌─────────────────┐                              │
        │     灾  害      │                         ┌────┴────┐
        │  ◆ 地震         │                        │风险=灾害×│
        │  ◆ 旋风、飓风、台风│                      │ 脆弱性   │
        │  ◆ 洪水         │ ──────────────────→   │ R=V×H   │
        │  ◆ 火山喷发     │                        └─────────┘
        │  ◆ 滑坡         │
        │  ◆ 干旱         │
        │  ◆ 病毒与虫害   │
        │  ◆ ……           │
        └─────────────────┘
```

图2—3　PAR模型

济状态的综合模型。在1996年首先由Cutter[①]提出。模型以地方为单元，认为脆弱性建立在人地综合环境的基础上，通过分析地理环境和社会环境对脆弱性的影响，指出脆弱性包含承灾体自然（物理）脆弱性和社会脆弱性两个部分，并用一个综合的变量来衡量灾

---

① Cutter S L, "Vulnerability to environmental hazards", *Progress in Human Geography*, no. 20 (1996), pp. 529–539.

害的自然因素与社会因素耦合作用的结果以及这种结果如何随着时间和空间的改变。对该模型的主要批评在于它没有分析社会脆弱性的驱动因子,也没能够从理论上分析自然脆弱性与社会脆弱性之间的相互关系及其在地方脆弱性的权重,但是,HOP 模型的最大贡献在于,其提供了一种相对简单有效的又具有极强可操作性的计量方法来度量脆弱性,该方法不仅利用地理—空间技术的手段使脆弱性度量的结果得以形象化地展示,且提供了实证检验的手段进一步增加了结果的信度。

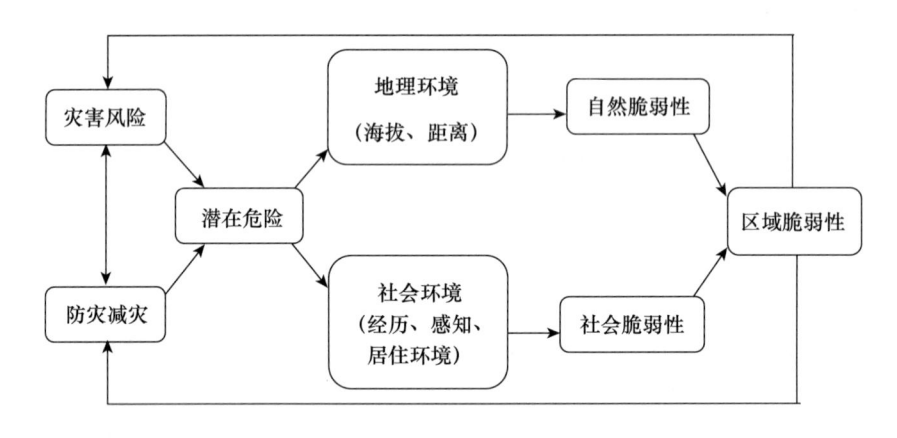

图 2—4 HOP 模型

四 人—地耦合系统模型

人—地耦合系统的脆弱性模型(图 2—5)由 Turner et al.[①] 提出,其提供了一个根据研究尺度的需要而可供选择的全球环境变化脆弱性分析的概念框架,模型不仅可用于局部区域内的脆弱性分析,同时给出了区域间脆弱性相互作用的机制,并可扩展到更大范围乃至全球尺度的脆弱性分析。可以说,该模型为分析全球气候变

---

① Turner II B L, Kasperson R E, Matson P A, et al., "A framework for vulnerability analysis in sustainability science", *PNAS*, vol. 100, no. 14 (2003), pp. 8074 – 8079.

化引致的脆弱性提供了一个很好的基础，但恰恰是由于该模型过于宏观，导致该模型在具体细节的处理上稍显不足，如其没能很好地区分灾害暴露和敏感性，其在说明某区域脆弱性原因和结果方面也是不清晰的。但是它在定量分析方面比以经验为基础的分析上却有所进步。在全球的范围内，由小到大，形成了地方、区域和全球三个层次，具体如图2—5所示。

第四节 自然灾害社会脆弱性的度量

社会经济系统的脆弱性受到多重因素的影响，对于社会脆弱性度量和评估是社会脆弱性研究不可或缺的重要组成部分，也是运用社会脆弱性理论去预防和减轻灾害冲击的必由之路。社会脆弱性评估的基本步骤是：（1）在分析社会脆弱性影响因素的基础上构建社会脆弱性的评估指标体系；（2）社会脆弱性指标的量化或标准化并设置权重，设置权重的方法主要有主成分分析法、聚类分析、层次分析法、模糊综合评判法等；（3）建立社会脆弱性的评估规则；（4）计算社会脆弱性指数。社会脆弱性评估的关键是社会脆弱性指标选择和权重设置。根据研究人员对社会脆弱性的不同认识、评估目的、研究区域的特征，综合考虑影响因素的时空转变等多个方面的影响因素和状况来构建社会脆弱性的评价指标体系。[1]

一 社会脆弱性指数法

关于自然灾害的社会脆弱性量化评估多数是基于 Cutter 的 HOP

---

[1] Downing T. *Lessons from famine early warning and food security for understanding adaptation to climate change towards a vulnerability adaptation science*. K lein R T J. *Enhancing the Capacity of developing nations to adapt to climate change*, London: imperial college Press, 2002. 葛怡等：《中国水灾社会脆弱性评估方法的改进与应用——以长沙地区为例》，《自然灾害学报》2005年第6期。

▶ 外力冲击、社会脆弱性与人口迁移

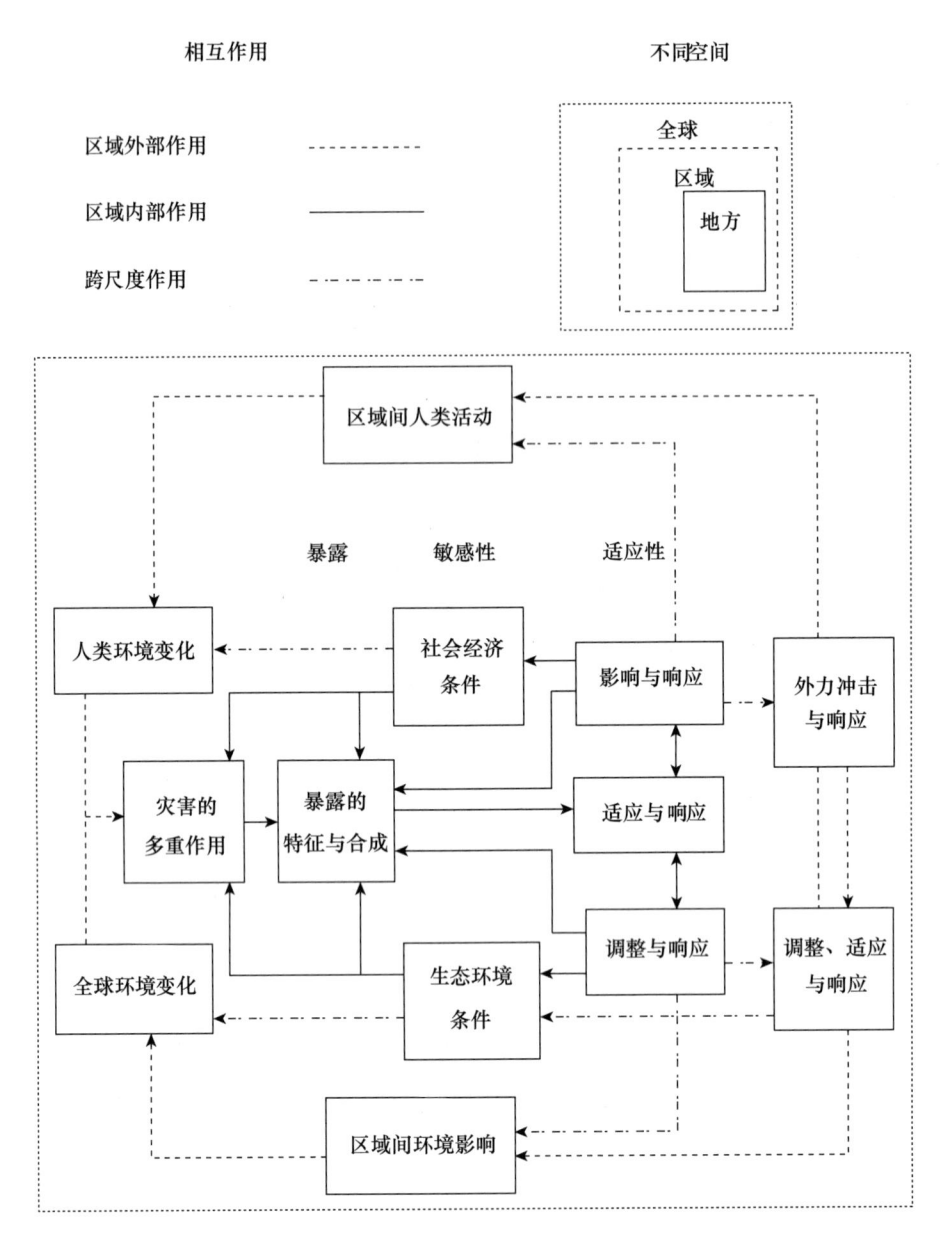

图 2—5 人—地耦合系统脆弱性模型

理论分析框架，构建关于社会脆弱性的指标体系（Social vulnerability index，SOVI），具体的量化方法包括归纳法和演绎法。归纳法是从前人相关文献研究中选取所有影响社会脆弱性的指标，通过因子

· 50 ·

分析等方法对指标进行筛选，建立指标体系，进而评估区域的社会脆弱性，归纳法的优点在于通过揭示多个变量的相关维度，进而将大量的数据转换成少数几个变量，这种方法有助于理解个人和社区的多元化特征[1]，但是缺点在于工作量相对较大，同时由于选择的指标较多，对社会脆弱性有显著影响的因素并不能有效地得到反映。演绎法则是基于已有的社会脆弱性模型和理论筛选出有限的指标来构建社会脆弱性指数，选取的指标数量比较少，而且容易对结果进行解释，同时这也要求大量的先验知识，对于数据提取者的专业要求相对比较高。

也有学者从社会脆弱性的形成机制来对社会脆弱性因子进行全面的选择，Dywer[2]用系统化的分析方法列出对社会脆弱性的影响，并将可量化的社会脆弱性因子分为四个层次：（1）个人和家户中的属性因子，主要包含个人属性特征、居住状况、财富等社会资源占有等对脆弱性的影响，具体包括年龄、性别、地域、收入状况、身体情况、财产占有权等；（2）社区属性因子，主要关注社会网络对脆弱性的影响方式，以及个人与所在社区的关系，主要包括个人的社区参与、个人与社区内其他个体相互关系网络规模、相互合作、情感支持等；（3）公共服务因子，主要是从地理空间的角度分析医疗服务、社会服务、交通基础设施等对脆弱性的影响；（4）组织架构因子，主要从制度和机制的角度分析地区政府政策和指令等行政因素对于脆弱性的影响。

---

[1] Wood N J, Burton C G, Cutter S L, "Community variations in social vulnerability to Cascadia-related tsunamis in the US Pacific Northwest", *Natural Hazards*, vol. 52, no. 2 (2010), pp. 369 – 389.

[2] Dwyer A, Zoppou C, Nielsen O, et al. *Quantifying social vulnerability: A methodology for identifying those at risk to natural hazards*, Canberra, Australia: Geoscience Australia, 2004. 贺帅等：《自然灾害社会脆弱性研究进展》，《灾害学》2014年第3期。

二 社会脆弱性指数的应用

社会脆弱性评价指标主要与社会系统遭受的风险和暴露度有关,以及社会系统的敏感性、应对能力、适应、恢复力等要素相关。从具体的应用来看,可以分为针对灾害事件的社会脆弱性分析和针对特征区域的社会脆弱性分析:

(1)针对单一灾害事件的社会脆弱性分析。Adger[1]构建了气候变化的社会脆弱性指标。一是风力灾害的社会脆弱性[2]。Flanagan,张俊香等分别以2005年美国路易斯安那州Katrina飓风和广东台风潮为例,分析了飓风台风等风力灾害的社会脆弱性影响;二是洪水或者干旱等洪涝灾害的社会脆弱性[3]。Wilhelmi和Morss,游温娇、葛怡等分别以美国科林斯堡(FortCollins)的洪水灾害,中国洪水灾害等极端降水事件分析了洪水的社会脆弱性,王莺等运用主成分分析的方法研究了中国南方干旱地区的社会脆弱性;三是特定地形区或罕见灾害的社会脆弱性[4]。张倩分析了内蒙古荒漠草原牧

---

[1] Adger W N, Kelly P M., "Social vulnerability to climate change and the architecture of entitlements", *Mitigation and Adaptation Strategies for Global Change*, vol. 4, no. 3 (1999), pp. 253 – 266.

[2] Flanagan B E, Gregory E W, Hallisey E J, et al, "A social vulnerability index for disaster management", *Journal of Homeland Security and Emergency Management*, vol. 8, no. 1 (2011), pp. 1 – 22. 张俊香等:《广东省台风暴潮灾害社会经济系统脆弱性分析——模糊数学方法》,《自然灾害学报》2010年第1期。

[3] Wilhelmi O V, Morss R E, "Integrated analysis of societal vulnerability in an extreme precipitation event: A Fort Collins case study", *Environmental Science and Policy*, no. 26 (2013), pp. 49 – 62. 游温娇、张永领等:《洪灾社会脆弱性指标体系研究》,《灾害学》2013年第3期;葛怡等:《中国水灾社会脆弱性评估方法的改进与应用——以长沙地区为例》,《自然灾害学报》2005年第06期;王莺等:《基于主成分分析的中国南方干旱脆弱性评价》,《生态环境学报》2014年第12期。

[4] 张倩:《牧民应对气候变化的社会脆弱性——以内蒙古荒漠草原的一个嘎查为例》,《社会学研究》2011年第6期。

民应对气候变化的社会脆弱性；四是地质灾害的社会脆弱性[①]。冯领香、商彦蕊、聂承静等从不同方面分析了国内各省区对于地震的社会脆弱性。也有学者研究了其他气候变化的社会脆弱性[②]，谢盼等基于社会脆弱性研究了中国高温灾害对人群健康风险的影响。

（2）针对特定地区的社会脆弱性。一是城市的社会脆弱性[③]，方创琳等构建了城市社会系统的社会脆弱性指标。Holand 从人均收入、住房价值、性别平等指数和居民可支配收入等六个方面评价了挪威市级单元的社会脆弱性；二是矿业城市的社会脆弱性[④]。李鹤、王岩等各自分别构建了矿业城市的社会脆弱性指标，研究了矿业等资源性城市的社会脆弱性；三是沿海地区的社会脆弱性[⑤]。Cutter 等基于区域脆弱性（HOP）概念模型，通过对社会脆弱性的认识和把握，构建了社会脆弱性评估指标体系评估了美国各地区的社会脆弱性；Adger 在构建社会脆弱性指标体系基础上，对越南沿海地区的社会脆弱性进行了分析和评估；方佳毅等构建了社会脆弱性的指标体系，对中国沿海地区的社会脆弱性进行了评价。

[①] 冯领香、冯振环：《京津冀都市圈地震灾害脆弱性评价及城际差异分析》，《自然灾害学报》2013 年第 3 期；商彦蕊：《地震灾害脆弱性分析——以河北省张北—尚义地震灾害为例（英文）》，《地质灾害与环境保护》1999 年第 2 期；聂承静等：《中国地震灾害宏观人口脆弱性评估》，《地理科学进展》2012 年第 3 期。

[②] 谢盼等：《基于社会脆弱性的中国高温灾害人群健康风险评价》，《地理学报》2015 年第 7 期。

[③] 方创琳、王岩等：《中国城市脆弱性的综合测度与空间分异特征》，《地理学报》2015 年第 2 期；Holand I S, Lujala P, Rød K J, "Social vulnerability assessment for Norway: a quantitative approach", *Norwegian Journal of Geography*, vol. 65, no. 1 (2011), pp. 1–17.

[④] 李鹤、张平宇：《东北地区矿业城市社会就业脆弱性分析》，《地理研究》2009 年第 3 期；李鹤、张平宇：《矿业城市经济脆弱性演变过程及应对时机选择研究——以东北三省为例》，《经济地理》2014 年第 1 期；王岩、方创琳：《大庆市城市脆弱性综合评价与动态演变研究》，《地理科学》2014 年第 5 期。

[⑤] Cutter S L, "The vulnerability of science and the scienceof vulnerability", *Annals of the Association of American Geographers*, vol. 93, no. 1, (2003), pp. 1–12; Adger, W. Neil. "Social vulnerability to climate change and extremes in coastal Vietnam", *World Development*, vol. 27, no. 2 (1999), pp. 249–269. 方佳毅等：《中国沿海地区社会脆弱性评价》，《北京师范大学学报》（自然科学版）2015 年第 3 期。

第五节 现有研究的不足和展望

一 现有研究的不足

社会脆弱性研究包含经济学、社会学、生态学、生理学、灾害学和人口学等诸多学科，国内外众多学者进行了内容丰富而翔实的研究，社会脆弱性的研究由于起步较晚，并且社会经济的复杂性，使得对社会脆弱性的研究在理论和实践应用上都不是很成熟。

首先，社会脆弱性没有一个普遍的定义，不同学科和不同组织从其自身的立场或视角出发提出了社会脆弱性的定义，因此，对于社会脆弱性的构成要素和特征、社会脆弱性的影响因素没有普遍认可的共识。

其次，社会脆弱性的研究框架非常薄弱，社会脆弱性的研究框架普遍是在脆弱性的框架基础上进行延伸和扩展的，没有针对社会脆弱性的专门分析模型和框架。从研究内容来看，一是社会脆弱性的研究以案例分析为主，大多数是关于某一地区或者某一类自然灾害的脆弱性研究，研究结果多是关于社会脆弱性概念和社会脆弱性程度的分析，对于社会脆弱性的发生机制和内在驱动因素缺乏深入的分析；二是社会脆弱性的动态研究比较缺乏，社会脆弱性的研究多是关于某一时间点的研究，对于人群的社会脆弱性的时空演变研究相对不足；三是应对社会脆弱性的政策研究不够，相对于某一地区或者某一类自然灾害的社会脆弱性程度的研究，缺乏以社会脆弱性研究为基础，以人地系统相互作用的人、群体的适应性研究，对于如何降低社会脆弱性没有提供良好的解决方案。

再次，在定量分析方面，社会脆弱性的分析方法比较单一，国内外大多数研究都是以 Cutter 的地方脆弱性模型为基础，构建关于脆弱性的指标体系，进而得出某一地区的社会脆弱性指数（SOVI）及其相关变型指数。而且从分析的尺度来看，大多以省级或县级尺度为主，这对区域脆弱性的精确度量也造成了一定影响。

最后，社会脆弱性研究的可靠性和稳健性缺乏验证，社会脆弱性研究在得到关于地方社会脆弱性或者某一类型灾害的社会脆弱性的评价结果后，并未对研究结果可靠性和模型精准度进行验证。

二 研究展望

随着各国政府和社会各界越来越重视防灾减灾，国内外关于自然灾害的社会脆弱性及相关的研究也在不断丰富和扩展。社会脆弱性作为脆弱性的重要组成部分，是灾害风险评估和风险管理的核心要素，社会脆弱性涵盖了社会系统的敏感性、灾害处置、适应调节能力和灾后恢复能力。由于社会系统内外部多重因素相互交织和相互影响，系统内部各要素相互作用机制的不确定性，社会脆弱性的研究受到自然条件和社会环境等众多因素的限制和约束，对社会脆弱性的概念缺乏相对统一的定义，现有社会脆弱性的分析框架缺乏多元性，分析和研究方法比较单一，评价指标体系中构建的因子选择依据需要进一步完善，社会脆弱性的研究需要在现有基础上进一步深入探讨，以期取得更大突破。

和国际比较，国内对自然灾害社会脆弱性的研究起步相对较晚，需要在下述三个方面尤其要引起国内学术界的重视。首先，加强社会脆弱性跨时期的动态研究，在不同时点上客观地反映我国社会脆弱性的演变特征；其次，加强区域社会脆弱性研究，某一地理空间上多种自然灾害的存在，需要进一步深入研究省域内部尤其是以县和市为研究尺度的区域脆弱性，以便更好地反映面临多种灾害区域内部脆弱性的差异；最后，加强特定灾种的社会脆弱性研究，由于我国地域广大,自然灾害众多,地区性灾害具有很大差异,因此加强地区性灾害如洪水、干旱等的研究,以便更好地把社会脆弱性的研究成果应用于政策实践。

第三章

安置模式对库区移民的影响

从我国地质灾害分布的总体情况来看，往往集中在各江河流域的主干道与支流沿线，而这些区域往往又是大型水利枢纽工程的重要建设地带。实践证明，大型水利枢纽工程的建设又往往会进一步加剧地质灾害发生的频率与强度。就本书的研究区域——湖北省宜昌地区而言，也表现出这一规律。在这一背景下，地质灾害往往和水利枢纽工程建设交织在一起，共同作用于人类社会，并影响到政府、人群及普通农户的迁移决策与迁移行为。

就地质灾害而言，从一般的认识来看，由于其更多地受到自然因素的诱发而产生（如洪水季节），因此从政府公共管理的角度来看，其政府责任显得没有以工程建设导致的人口迁移为重，因此在地质灾害导致的人口迁移方面从统计、跟踪调查等进行的工作也没有工程建设移民更受重视，从而导致了相关统计数据的缺失。所幸的是，在工程建设移民方面则现存较多的跟踪调查数据可资利用，这也为从侧面了解地质灾害多发地区的人口迁移提供了参考。

在本书的整体研究框架下，本章的内容虽然与其他章节在形式与内容上均有所差异，但仍存在其必要性。原因在于，一方面就研究区域——湖北省宜昌地区的人口迁移而言，工程建设移民和地质灾害移民是交织在一起的，工程建设区域一般都是地质灾害频发地区，对工程建设的人口迁移模式研究有助于推断地质灾害区域人口迁移后家庭社会经济状况的发展，另外更重要的在于，要深入剖析地质灾害与人口迁移之间的相互关系，针对地质灾害引发的人口迁移时间系列数据的获取是非常必要的，而要获取这一数据存在现实的困难。我们只能退而求其次，通过充分阐明库区工程建设移民在不同安置模式下的经济社会发展状况，来间接地反映农户在面临外力冲击时的发展变化。

第一节 水库建设的人口安置模式

一 水库移民安置模式

水库建设移民是一个集政治、经济、社会、技术与环境等问题于一体的系统工程，需要研究的问题众多，包括迁移动力、迁移模式、迁移心理特征、移民社会适应性、移民社会融合、移民社会经济可持续发展等很多理论问题与实际问题[1]。截至20世纪末，尽管我国就已兴建了大小水库8万多座，安置移民超过千万人，但工程移民问题一直是水库工程建设的重大问题，处在不断地探索与实践之中。总体来讲，经历了从"重工程、轻移民"思想指导下的单一补偿性移民方针到开发性移民方针的转变[2]。在水库移民问题中，安置模式问题长期是移民工作的重大问题，也是学术界争论的焦点问题。安置模式根据不同的分类方法，可以划分为多种类型。从人口的户籍类型来划分，安置人口可以分为农业人口安置和非农业人口安置；根据移民安置后从事的产业类型划分，可以分为大农业安置和非农二、三产业安置，从土地的角度来说也称为有土安置和无

---

[1] 风笑天、王小璐：《我国三峡移民研究的现状与趋势》，《社会科学研究》2004年第1期。
[2] 李伯宁：《论三峡工程移民工作的重大改革——改一次性赔偿为开发性移民方针》，《管理世界》1994年第6期。

土安置；按安置点去向及迁移的空间距离划分，可以分为本地就近后靠、异地近迁和异地远迁安置；根据就业途径划分，可以分为农业、企业招工、自谋职业和养老保险安置；根据规划和建设的角度，也即安置点是否需要政府统一规划和建设进行划分，可以分为集中安置和分散安置；从政策依据上，又可以分为补偿性安置与开发性安置；根据安置地域的经济发展水平可以分别选择大农业安置方式、小城镇安置方式、成建制外迁安置方式和混合型安置方式等[1]。

对于农村移民，在农业安置与非农业安置的选择上，已有研究呈三种不同观念。第一种观念以我国过去以来移民安置的经验为基础，强调以土为本的大农业安置模式[2]；第二种观念认为应该让农村移民进行城镇非农化安置，其主要依据是劳动力乡城转移与城市化是我国农村经济与社会发展的必然趋势，可以借着水库建设的契机，提前实现水库地区农村人口城乡劳动力转移，同时缓解库区人地关系紧张，环境容量有限的突出矛盾[3]；第三种观念则认为应该借鉴发达国家的安置模式，根据市场经济规律，支付给移民一定数额的补偿费后，由移民自主选择去向[4]，其实质是一种单一补偿性的非农安置模式，由于其严重脱离目前中国的具体国情，因此持这种观念的人相对较少。三峡库区的农村移民工作根据《大中型水利

---

[1] 苏爱华、付保红：《中国水库农村移民安置方式比较分析》，《云南地理环境研究》2008年第5期。
[2] 高建国等：《库区移民安置模式比较研究》，《财经理论与实践》1998年第3期；邱正光等：《三峡库区农村移民安置模式探讨》，《人民长江》2000年第3期。
[3] 韩光辉：《实行非农化转移是库区移民工程的根本出路》，《北京大学学报》（哲学社会科学版）1997年第1期；苏爱华、付保红：《中国水库农村移民安置方式比较分析》，《云南地理环境研究》2008年第5期。
[4] 伍黎芝、廖琴岚：《从三峡库区土地容量论移民外迁的必要性——以重庆市云阳县为例》，《长江流域资源与环境》1999年第3期。

水电工程建设征地补偿和移民安置条例》①的基本原则，实际实行的是以大农业安置为主，兼顾二、三产业安置的开发性移民安置模式，在大农业安置中，又主要实行就近后靠安置兼顾就近外迁安置的安置模式。时至今日，从"迁得出、稳得住"的角度来看，三峡移民工作已告结束。

二 三峡库区的移民安置模式分析

回顾已有的研究文献，我们发现，一方面，在总结归纳三峡移民工作的成绩、问题及评估不同安置模式的实际效果时，调研数据主要是基于某一时间点的横截面调查数据②，缺乏连续的时间序列数据支持，而移民过程本身是一个长期的延续性的过程，从最初的宣传动员、开始迁移、主动适应、到自我发展，家庭状态一直处于不断变化迁移之中，因此，单纯依靠一个时间点的观察所得到的资料和信息，不能完全反映移民家庭经济发展的动态变化过程③。另一方面，在具体的分析过程中，研究人员对于农村移民家庭的不同安置类型，特别是非农安置与农业安置移民家庭，一般采用同一基准进行比较④，极大地忽视了非农安置移民家庭丧失土地这一事实所造成的实际影响。从经济学角度分析，丧失土地对非农安置家庭来说，不简单的是土地这一重要资本的丧失，同时还意味着离开熟悉的生产与生活环境（自然资本）、原有的生存技能的失效（人力资本）以及社会关系网络的重建（社会资本）等多重问题，他们

---

① 指1991年2月15日国务院发布的《大中型水利水电工程建设征地补偿和移民安置条例》。

② 刘远新等：《三峡库区农村移民安置模式对移民家庭收入的影响分析》，《长江流域资源与环境》2011年第3期；马力等：《三峡库首移民安置区土地资源移民经济状况及移民满意度的调查与分析》，《长江流域资源与环境》2011年第1期。

③ 就现有研究文献来看，不仅仅是三峡工程移民缺乏连续的跟踪调查数据，以往的工程移民同样缺乏类似的数据。

④ 包括搬迁前后比较、同迁入地居民比较、不同类型搬迁方式的相互比较等。

遭受的是家庭资本的多重损失乃至剥夺，由于该类型家庭已经完全脱离了农村，家庭经济不再具备任何自然经济的属性。因此，我们在比较与评估安置效果的时候，不能简单地与迁移前或者是一般农村家庭相比较，而更应该同当地城镇家庭的经济发展状况相比较。

基于以上分析，宜昌市移民局在宜昌市统计局的技术支持下，在各县移民局的通力协助下所开展的百户农村移民家庭1996—2007年的家庭经济状况跟踪调查数据显得弥足珍贵。虽然样本量略显不足，但该调查具备以下特征：一是具有搬迁前的基准数据；二是调查样本同时包括了农业安置与非农安置两种安置模式；三是农业安置模式同时包括了就近后靠安置与就近外迁安置两种类型。本章拟以该跟踪调查数据为基础，从资本剥夺、介入性贫困与能力发展[1]视角出发，对库区就地后靠农业安置移民、外迁农业安置移民与坝区非农安置移民的家庭经济发展做一个时间轨迹上的考察，并通过比较后靠移民、外迁移民与一般农村家庭的差异，坝区非农安置移民与城镇家庭经济发展状况的差异，从而分析不同安置方式对农村移民家庭的影响。通过比较分析发现以往三峡移民工作中的历史遗留问题，为后续三峡移民工作提供参考。更为重要的是，通过辨析现行移民政策的实际效果，以期对今后移民政策的调整以及其他工程移民的安置工作提供有针对性、瞄准性的政策建议。

---

[1] Anthony Bebbington, "Capitals and Capabilities: A Framework for Analyzing Peasant Viability, Rural Livelihoods and Poverty", *World Development* 27.12 (1999), 2021–2044; Sen A. K., *Resource, Values and Development.*, Harvard University Press, 1997. 杨云彦等：《社会变迁、介入型贫困与能力再造——基于南水北调库区移民的研究》，《管理世界》2008年第11期。

第二节 不同安置模式对三峡库区农户的影响

一 农户家庭发展的跟踪调查

本章所使用的数据根据湖北省宜昌市移民局提供的《宜昌市三峡工程百户移民定点跟踪调查资料》历年报告进行整理。该跟踪调查由宜昌市移民局直接组织实施，由宜昌市统计局制定跟踪调查问卷。从1996年开始调查到2007年结束，前后累计12年。100户农村移民家庭，分别为库区后靠安置移民50户、坝区非农安置移民20户、外迁安置移民30户，1996年总计402人[①]。选择调查对象的标准是：经济条件较好、经济条件一般和经济条件较差的移民家庭各占三分之一。调查对象的安置地点分布在秭归、宜昌、兴山、枝江、猇亭、点军六个县市区的14个乡镇30个村，两个居委会。其中，库区后靠50户家庭分布在茅坪（10户）、香溪（10户）、郭家坝（10户）、太平溪（10户）、峡口（4户）、建阳坪（3户）、高阳（3户）七个乡镇；外迁移民30户家庭分布在猇亭云池（5户）、猇亭虎牙（5户）、枝江董市（10户）和点军联棚（10户）四个乡镇；坝区非农安置20户家庭分布在小溪塔（10户）、乐天溪（5户）和三斗坪（5户）三个乡镇。

该调查的指标分为11个大类共64个数据。大类数据包括家庭人口、应生产安置人口、耕园地面积、生产成果、生产用固定资料、全年总收入、全年总支出、全年家庭纯收入、年初存款及手存现金、年末存款及手存现金、住房情况等。根据研究需要，本章提

---

① 家庭总人数由于出生、死亡、成家立业后分家等影响一直处于变化之中，截至2007年，家庭总人数407人。2003年以后，由于库区后靠家庭中有2户迁往外地，因此2003—2007年实际调查住户98户。

取了家庭人口、耕园地面积、全年总收入、全年总支出、全年家庭纯收入、住房情况6大类共计16个数据进行分析[①]。

另外，本章使用的对比分析数据主要来源于1997—2008年历年的《宜昌市统计年鉴》以及国家统计局农村社会经济调查司在1997年至2008年历年编写的《中国农村贫困监测报告》。其中，宜昌全市农村家庭人均数据、宜昌全市城镇家庭人均数据以及宜昌全市城镇困难户家庭人均数据来源于《宜昌市统计年鉴》的历年统计数据。低收入贫困线数据根据国家统计局农村社会经济调查司在1997年至2008年间历年编写的《中国农村贫困监测报告》绘制。其中，2000年以前由于不存在低收入贫困线，因此采用绝对贫困线数据代替[②]。

二　库区后靠移民家庭经济发展状况与比较

（一）后靠移民家庭人均总收入变化情况

图3.1是1996—2007年库区就地后靠农业安置移民家庭的人均年收入变化情况、收入的主要构成及其与宜昌全市农村家庭平均人均总收入的对比。由图3—1我们可以对后靠移民的收入情况做以下总结：

（1）由种植业与养殖业构成的农业经营性收入是就地后靠农业安置移民的基础性的、保障性的家庭收入。其中，养殖业收入虽然比重较小，但非常稳定，维持在250—400元/年，这主要是由于家庭养殖业主要以圈养猪、羊以及鸡鸭等为主，属于家庭庭院经济所

[①] 在历年汇总报告中，2005年和2006年存在一定量的数据缺失。2005年的调查没有对坝区移民收入和支出项目细分，外迁移民家庭的总支出没有调查数据；2006年同样没有对坝区移民收入和支出项目细分，同时没有调查外迁移民家庭。

[②] 采用低收入贫困线而不是绝对贫困线进行对比的原因是，根据贫困研究的发展，低收入贫困线更加能客观地反映农村居民是否处于能力发展的贫困，绝对贫困线仅仅是一种满足基本温饱状态的水平，而且在2008年以后，绝对贫困线不再被国家统计局采用，而统一地用低收入贫困线衡量贫困水平。

▶ 外力冲击、社会脆弱性与人口迁移

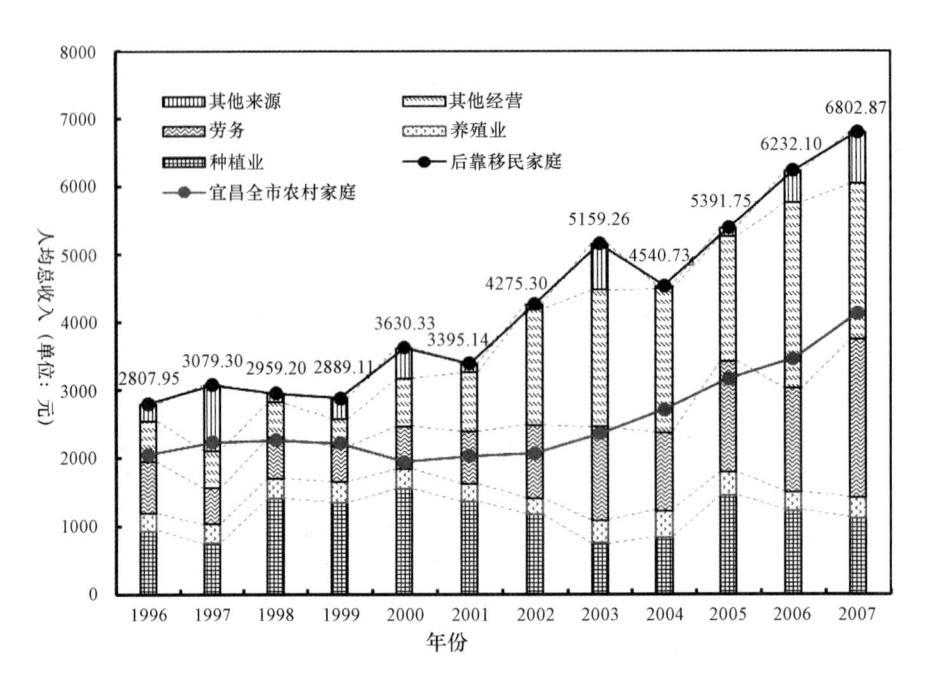

图3—1 后靠移民家庭人均年收入变化情况

得，由于搬迁距离很短，该部分收入基本没有受到搬迁的影响。种植业收入在搬迁的第一年（1996—1997）有一定的下降，随后保持了相对的平稳，2000年后逐渐下降，到2003年下降到最低点757.27元，随后又有所增加，种植业收入最高年份2000年与最低年份的差距达到2倍以上。从调查了解的情况分析，就地后靠安置对种植业收入的影响随时间主要呈如下的发展脉络：搬迁第一年的下滑主要由于搬迁影响了生产，这一年移民家庭的主要精力在于住房及家庭财产的搬迁上，农作物的耕种受到了影响，1998—2001年能够维持在较高水平的主要原因在于，搬迁家庭获得了新的土地，但由于水库淹没线下的耕地虽然距离较远，但仍然可以耕种，因此原有土地加上新开垦荒地的收入就超过了搬迁前的整体收入，随着水库的分阶段蓄水，原有耕地逐渐被淹没，加之新垦荒地的管理问题及开发熟化不到位，随后该部分收入逐年下降，到 2004 年达到最低点。在 2005 年以后，随着新垦荒地的逐渐熟化以及水果园的挂果成熟，该部分收入得到逐步的恢复。以上只是一个总体的趋势，其他影响该部分收入的因素还包括两个方面：一是自然灾害的影响；二是农产品市场价格的影响。总体来看，虽然该部分收入在整个收入比重中慢慢在下降，但仍然是就地后靠移民的基础性的、保障性的收入，同时还提供了最基本的家庭食品保障。

（2）劳务收入与其他经营性收入的比重逐年扩大，并逐渐成为后靠移民的最主要收入来源。从图 3—1 可以看出，劳务收入和其他经营性收入总体呈逐年递增的趋势，2001 年以前，这两部分收入均没有超过农业收入，2002 年其他经营性收入首次超过农业收入并在其后基本保持稳定，2003 年劳务收入也超过农业收入并持续递增。从调查的情况分析，我们认为形成上述状况的原因主要在于，三峡工程的长期建设提供了持续的劳动力市场需求，导致了劳务收入的稳步增长，并使得该类移民家庭的劳动力掌握了从事农业生产以外的劳动技能，随着三峡建设的逐步完成，由于劳动技能已经形成，虽然周边劳动力市场需求萎缩，但并没有影响劳务收入的增长，同时，三峡工程建设带动了部分辅助性建筑行业市场需求的增加，部分移民家庭及时抓住契机开办了石灰窑、预制件加工等企业或成为其他个体经营户，一方面整体拔高了其他经营性收入的比重，另一方面也扩大了本地的非农业劳务需求。同时我们认为，其他经营性收入保持稳定而不能持续增长是一个值得关注的问题，其原因有待进一步调查。

（3）其他来源收入为就地后靠移民家庭的金融资本积累与家庭能力发展提供了有益的补充。其他来源收入的主要部分来自政府转移性支付收入，主要是搬迁的各种一次性补贴及连续性补贴。这部分收入对库区后靠移民家庭是非常有益的支持，特别是在搬迁的第一年，在总体收入下降的情况下保证家庭总收入并没有受到影响，其后随着后续扶持资金的逐步到位，进一步增加了他们的收入水平。从库区后靠农业安置移民家庭的人均总收入和宜昌全市农民家庭的人均总收入对比来看，后靠移民的家庭总收入高于全市平均水平，表现出良好的发展势头，有望看到"逐渐能致富"的目标。由图 3—1 可以发现，在搬迁前以及搬迁后的前三年，后靠移民家庭的人均总收入只是略高于宜昌市农村家庭的平均水平，但在 2000 年以后，后靠移民的总收入持续增长，增长幅度远大于平均水平，2002 年以后，差距一直维持在 2500 元以上，即使除其他来源收入，后靠移民家庭的人均收入仍高于平均收入 2000 元以上。

（二）后靠移民家庭人均总支出变化情况

图 3—2 是后靠家庭人均年支出变化情况、支出构成及其与宜昌全市农村家庭的对比。由图可以看出，在后靠移民家庭的支出变化中，税费所占比重极小，教育费用变化幅度不大，生活及其他费用的支出也基本是随着市场物价的提高而出现的小幅稳步增长[①]。其中，值得分析的是生产费用的支出情况。在搬迁后的最初几年，由于淹没线下的原有耕地仍然可以继续耕种，因此在生产费用支出较少的情况下，仍然能够获得一定的经济收益，但随着三峡水库逐步蓄水，原有农田淹没，为了增加新垦荒地的产出，生产费用投入加大，如果不考虑移民家庭自产自销的因素，2003 年以后，农业经营性收入尚不能弥补生产费用的投入，这是一个非常值得我们关注的问题。以上至少说明两点：一是直接反映了就地后靠移民分配土地的贫瘠，如果迁移前不对新开垦荒地进行有效开发，那么对后靠移民家庭经济的可持续发展势必会产生影响，这同时也似乎在印证

---

① 1997 年生活及其他费用的大幅度增加明显是由于搬迁涉及房屋建设等引起的。我们认为，1998—2000 年高于全市农村家庭也主要归因于搬迁新房的陆续完工，2001 年以后的增长则主要是在总收入增长带动下的消费及其他投入增长。

很多研究认为库区环境容量过低而不足以承载大量就地后靠农业安置的论断；二是间接表明了在政策层面与实际的操作层面，所谓的开发性移民政策并没有完全落实到位，政府并没有采取有效的措施在移民搬迁前就对新开垦土地进行有效的改良，从而保证土地的产出能力达到从前耕种的水平。以上直接导致了少数单纯依赖土地维持生计的移民家庭面临实际的经济困难。

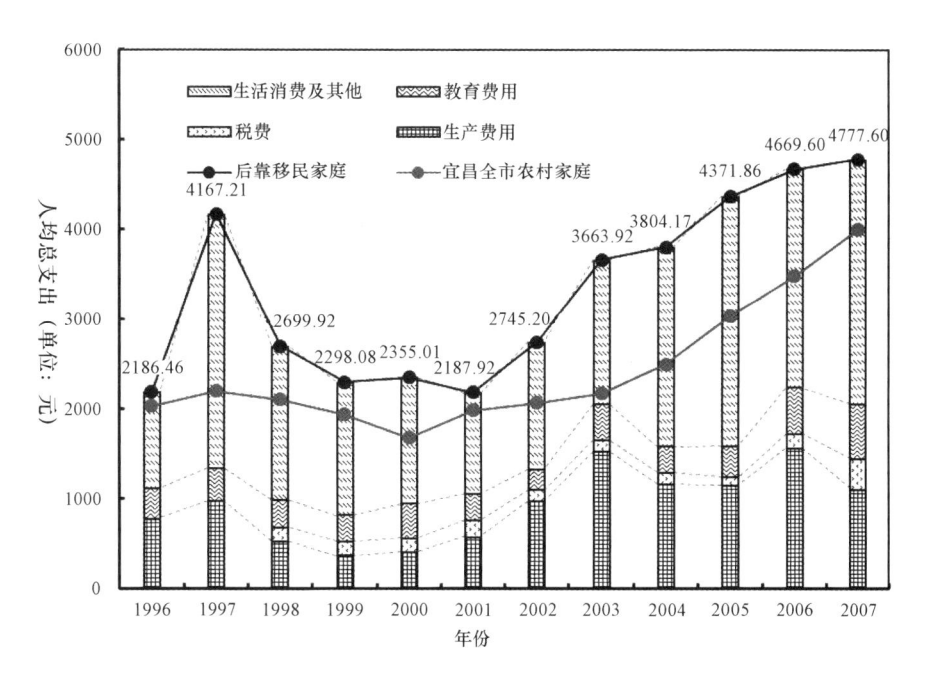

图3—2　后靠移民家庭人均年支出变化情况

（三）后靠移民家庭的人均纯收入变化情况

由图3—3我们可以看出，在起点基本一致的情况下，库区就地后靠农业安置移民家庭的年人均纯收入在经历搬迁的前三年以后，纯收入水平始终高于宜昌全市农民家庭的平均水平，并呈现逐步扩大的趋势，且远远高于农村低收入贫困线的水平，表现出了"逐步能致富"的良好势头。调查的事实表明，就地后靠农业安置不仅是可行的，而且是极为有效的安置模式。该模式不仅能使移民家庭在经济上实现平稳过渡，而且还有可能促进家庭能力的发展。分析其原因，我们认为，这种安置模式不会人为割断移民家庭与原有生存状态的自然联系与社会联系，在最大程度上保证了移民家庭不丧失原有的自然资本、物质资本、人力资本及社会资本，尽管耕地面积减少直接影响了农业收入[①]，但耕地起到了基本的保障与缓冲作用，加上大型工程的建设又提供一定的就业契机与商业契机，有利于家庭能力的发展，并有可能最终实现富裕。

但是，在看到良好发展势头的同时，我们也不能忽视存在的问题。其中最大的问题是新开垦土地熟化培育的滞后，导致后期移民生产投入的增加。新配置土地是就地后靠移民家庭赖以生存的根本，特别是对那些没有能力从事农业生产以外的劳务工作或者无法及时把握商业契机的家庭来说，新开垦土地是他们家庭生计基本的、主要的来源，政府有责任出台前瞻性的、可操作的具体政策来鼓励及引导移民家庭尽早开发新垦土地，甚至可以考虑组织社会上其他经济力量（比如新型的农业工程公司）来集中解决问题。另一个问题是，如何针对水库建设生命周期在不同阶段的市场需求，及时地给予后靠移民家庭以引导，并提供相应的职业培训与商业支持，是实现该类型移民家庭能力可持续发展的保证。

三 外迁农业安置移民家庭经济发展状况与比较

（一）外迁移民家庭人均总收入变化情况

从外迁移民的收入构成看，包括种植业与养殖业在内的农业经营性收入始终是该类移民最主要收入来源，两者比较，种植业又处于主导地位。从图3—4可以看出，种植业收入在经历搬迁第1年

[①] 后靠移民家庭的耕地面积从搬迁前的0.97亩/人逐渐下降，至2003年后维持在0.5亩/人左右。

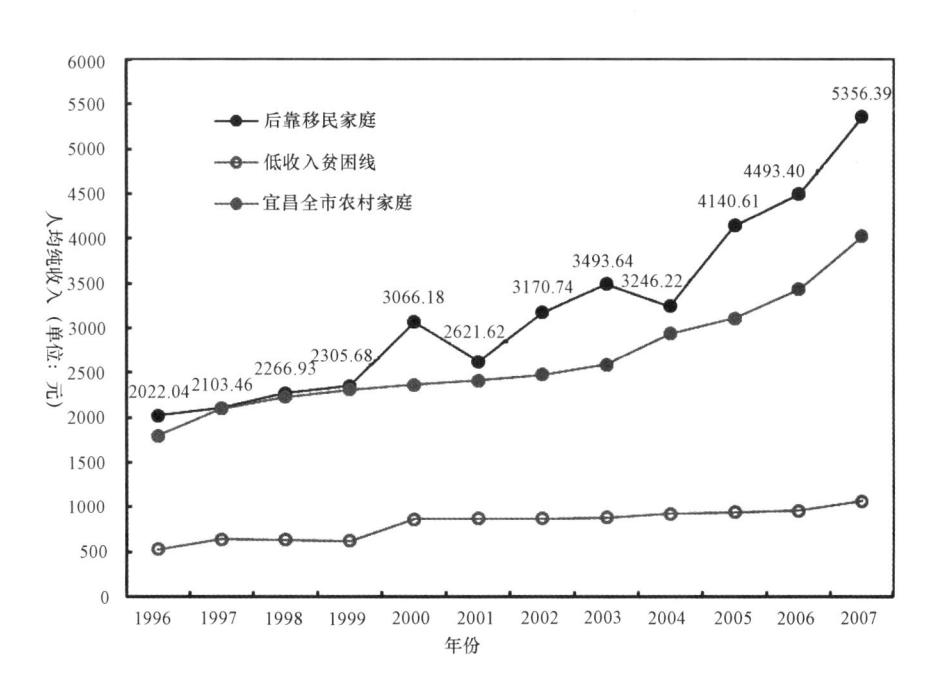

图3—3 后靠移民家庭的人均纯收入情况

较明显地下降之后，其后总体呈上升的态势。与后靠移民相比，虽然人均耕地面积是后者的2—3倍①，但种植业收入水平却没有呈相应倍数的增长。其原因主要有以下几个方面：一是耕园地质量较差，且相应的水利设施配套不完善，这直接影响了农业的产出；二是外迁移民家庭对新的生产环境和新的生产技能有一个逐步适应的过程，在搬迁以前，柑橘种植是库区移民主要农业生产项目，在外迁安置后则主要从事水稻、棉花和蔬菜等生产，这间接影响了农业生产的收入；三是在搬迁初期缺乏必要的生产资料和生产资金的投入，在搬迁初期，由于更多的资金需要用于家庭住房建设，资金相对匮乏，同时生产必备的耕牛、农具也存在缺乏，这一定程度影响了种植业的收入。在家庭养殖业方面，外迁移民家庭该类收入的比

---

① 搬迁后人均一直维持在1.6—1.7亩/人。

重比搬迁前有所增加。外迁移民多由山区迁往平原地区，可以一定程度发展水产养殖业，同时，由于没有过多的收入渠道，为增加家庭收入，也迫使该类家庭增加了对家庭养殖业的投入。与其他收入相比较，家庭劳务收入增长最快，在家庭总体收入中的比重越来越大。这种变化趋势大体与目前中国农村家庭收入变化的总体趋势一致。但是同就地后靠移民家庭相比，即使缺乏其他经营性收入，且身处信息获取更便捷的平原地区，其劳务收入却一直略低于就地后靠移民家庭的水平，也从侧面说明了就地后靠移民家庭具有更多的外出务工就业机会。在总收入上，该类型移民家庭与宜昌全市农村家庭的平均总收入水平相比，大体上呈现一致性，除搬迁的1997年之外，2001年之前总收入的变化趋势与平均水平几乎完全吻合，2001年以后，则略高于平均水平。以上可以说明这样一个问题，安置地的总体农业经济发展水平还是好于全市的平均水平，说明政府

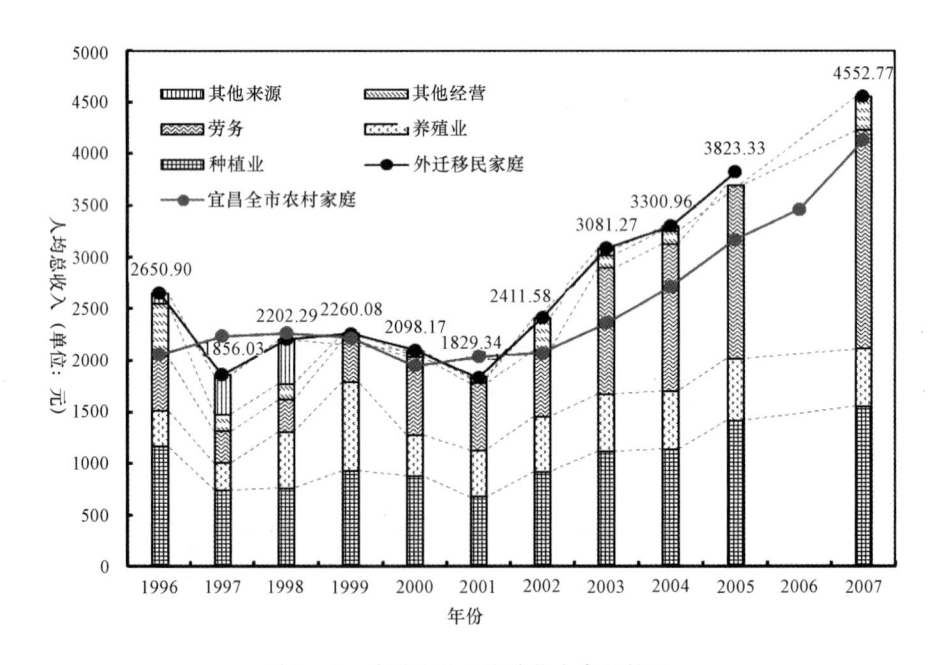

图3—4 外迁移民人均总收入变化情况

在安置地的选择上充分考虑了外迁移民家庭的后续发展问题。

(二) 外迁移民家庭人均总支出变化情况

在家庭总支出方面,由图3—5可以看出,外迁移民家庭的人均支出和宜昌全市农村家庭的人均支出变化趋势对比,同收入对比表现出一致性。仅在搬迁初期,生活消费及其他支出有一个较大幅度的上升,上升的主要原因是搬迁导致家庭住房建设各项费用的增加。在2003年以后,人均总支出略高于全市农村家庭,这也和其收入总体高于全市农村家庭一致。但分析其家庭支出的构成,生产费用支出格外引人关注。同后靠移民家庭比,尽管人均耕地面积高出很多,但外迁移民的生产费用投入却一直非常低,普遍低于后靠移民家庭的生产费用支出,最低值出现在2000年,仅为285.47元/人,调研的情况说明,由于较长距离的搬迁,家庭资金更多地

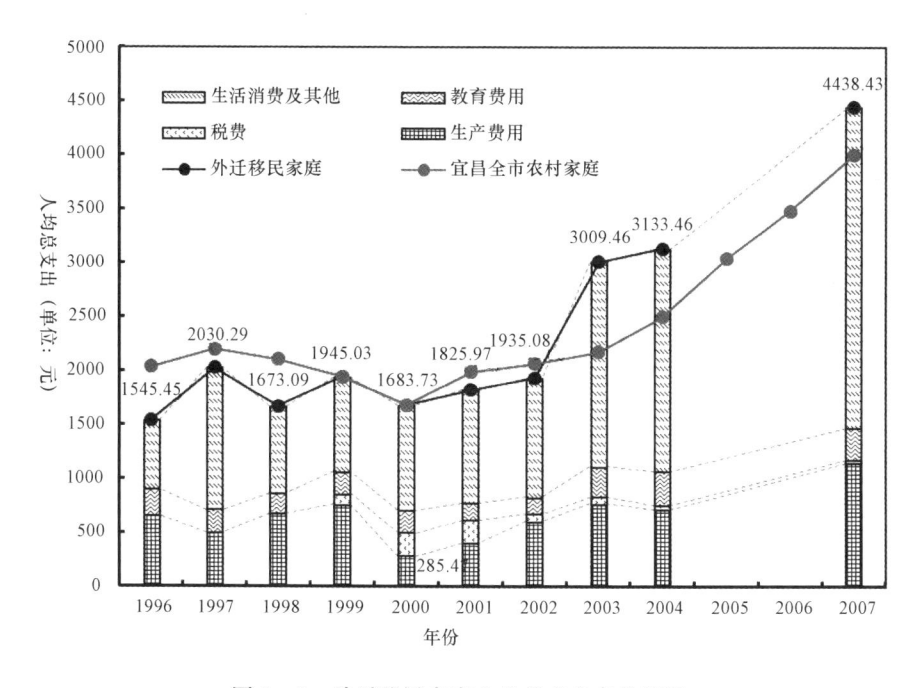

图3—5 外迁移民家庭人均总支出变化情况

投入家庭住房建设等方面,导致该类型家庭在外迁以后,面临的最严重困难是生产资金投入的匮乏。

(三) 外迁移民家庭人均纯收入变化情况

在家庭人均纯收入方面,由图3—6可以看出,该类型家庭的人均纯收入在搬迁以前略高于宜昌全市的农村家庭,但在搬迁以后,始终居于全市农村平均水平和国家统计局规定的农村低收入贫困线之间。搬迁的前5年是最为困难的时期,总体呈降低的走势,到2001年达最低点,仅比低收入贫困线高出332.39元。调研结果表明,其后随着土地质量的逐步改善、生产技能的熟悉与生产资金投入的增加,家庭经济状况走出低谷,逐步地摆脱了贫困的威胁,慢慢接近了宜昌全市农村家庭人均纯收入的水平。

从综合收入、支出和纯收入的分析结果,不难看出限制外迁移民家庭能力发展的关键因素是两个:一是搬迁初期生产资金的匮乏,这直接导致了生产投入的不足,加之土地质量本来就低于当地平均水平,进而影响了总收入水平;二是社会资本的薄弱导致了其他经营性收入非常的少,这是与后靠移民家庭的又一明显区别。总体来看,三峡工程就近外迁移民工作还是勉强成功的,能够实现外迁移民的安居乐业,但代价也是很大的,他们差不多经历了近10年才得以摆脱贫困威胁并逐渐赶上平均水平。

四 坝区非农安置移民家庭经济发展状况与比较

坝区非农安置移民家庭一般不再从事农业生产,其主要的安置方式是企业招工、自主择业等。因此,该类移民从本质上说已经完全脱离了农村,进入了城市生活。该类移民在离开土地以后,其家庭经济发展状况究竟如何?是一个值得关注的重大民生问题。

图3—7是20户坝区移民家庭的人均年收入的发展变化及各部分的组成。由图可见,在安置初期,种植业、养殖业等第一产业经

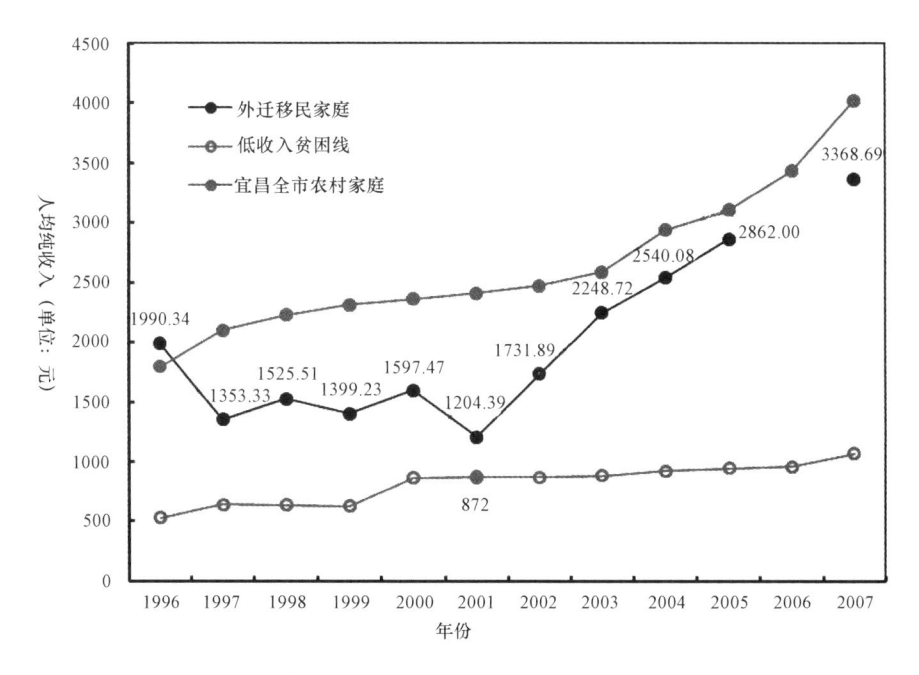

图 3—6　外迁移民家庭人均纯收入变动情况

营性收入仍然存在，但由于已经失去土地，其数额极少。到 2004 年以后，他们已经完全脱离了农业生产，其收入来源主要有三种形式：一是劳务收入；二是其他经营性收入；三是其他来源收入。

劳务收入既包括非农安置就业的固定性工资收入，也包括家庭个人外出务工劳动收入。这部分收入一直是坝区移民收入的主体，但从 1996—2007 年的调研数据来看，该部分收入相当不稳定，不仅波动极大，在 1999—2003 年还呈现出逐年递减的趋势。其原因主要有以下两个方面：一是在当时安置就业时，对应的招工企业多是民营企业，且经营状况也不是很好，在随后的几年中纷纷倒闭或者兼并重组，这样导致该类移民家庭的劳动力下岗再就业现象较为严重，从而直接影响了家庭经济收入；二是这部分安置就业人员由于自身知识结构与生活习惯不能完全适应企业生产的需求，而面临竞争性淘汰或者个人主动退出就业市场。调查表明，前者是导致其家庭劳务收入下降的主要原因。有关政府部门及时地掌握了相关情况并对该类家庭的失业人员进行了再就业培训、及时提供劳动力市场用工信息，这一情况在2006年以后有所缓解。

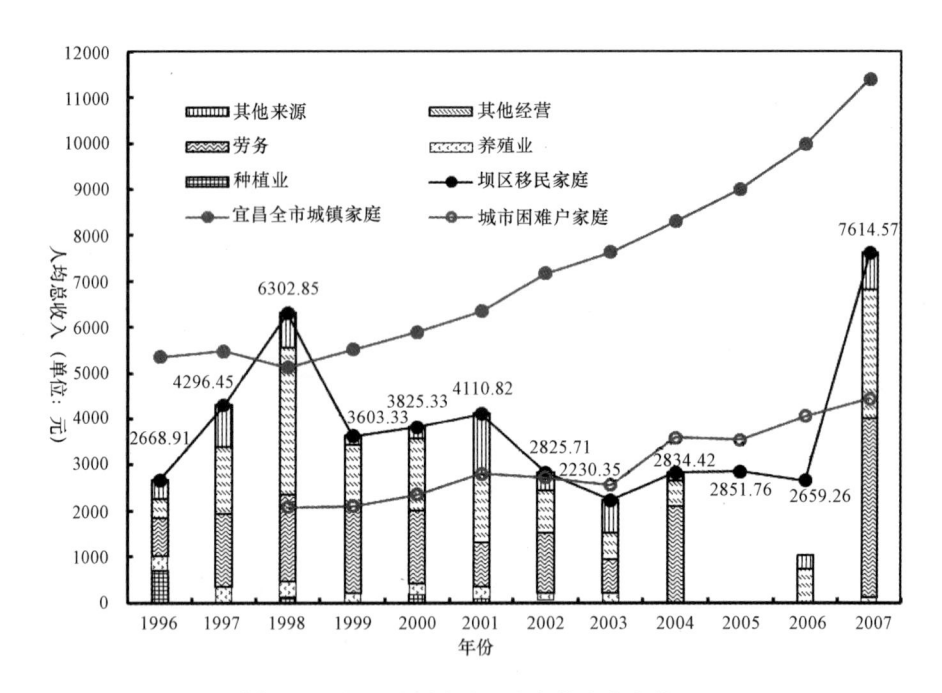

图3—7 坝区移民家庭人均年收入变化情况

数据来源：城镇困难户家庭的收入数据来源于宜昌市统计局自1998年以来对城镇不同收入层次居民家庭的抽样调查数据，见历年《宜昌统计年鉴》，以下支出数据与纯收入数据相同。

坝区移民家庭的另外一个重要收入来源是非农业经营性收入（其他经营收入），主要是零售业和住房租赁业。由图3—7可以看出，这部分收入也变化很大。在三峡大坝建设的高峰期（1997—1998年），该部分收入相当可观，甚至超过了家庭劳务收入，主要原因是在大坝建设时期，外地务工人员数量非常大，存在食品、居住等方面巨大的市场需求，而大坝建设也需要一些辅助的建筑行业的支持。但随着大坝建设高峰过去，相应的需求下降，该部分收入也随之萎缩①。

从该类型移民家庭的收入与全宜昌市城镇居民家庭和宜昌市城镇困难户家庭的收入对比来看，其家庭收入不仅波动性大，且长期低于宜昌全市平均水平，仅仅在1998年明显超过宜昌全市城镇家庭的平均水平②。此后总体呈下降趋势，其差距在2006年达到峰值，2007年得到一定程度的缓解。自2001年以后，收入长期处于宜昌市城镇困难户家庭的水平，甚至更低。

在家庭支出方面，坝区移民家庭的主要支出是生活消费及其他支出，教育支出相对稳定，生产费用支出主要发生在安置的前几年，主要是企业用工生产安置费。坝区移民家庭与城镇居民比较，

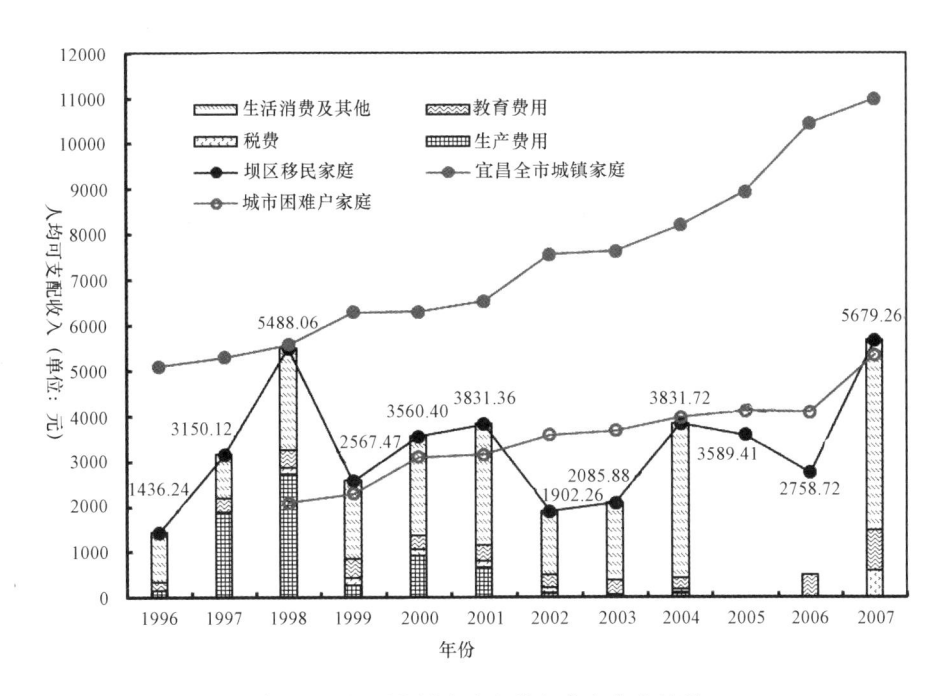

图3—8 坝区移民家庭人均年支出变化情况

---

① 2007年出现其他经营性收入的增加主要是个别家庭收入的增加总体拔高了平均水平。
② 若扣除转移性支付收入，仅与城镇居民家庭的水平相当。

由于受到收入的限制，其支出也远远落后于城镇居民家庭，仅仅在1998年与城镇家庭相当①，其他年份均远低于城镇家庭，长期处在宜昌市城镇困难户家庭的人均支出水平。

如果将坝区非农安置移民的各项调查数据和其他两种安置类型家庭比较，坝区移民单纯从数据上看，甚至好于后靠移民和外迁移民。但是，该部分移民家庭已经完全脱离了农村，家庭经济也脱离了自然经济而完全进入市场，因此这种比较已经失去了意义。因此我们认为，与城镇家庭的经济状况对比，才能更加清楚地反映他们的生存状况。基于以上考虑，我们把坝区移民家庭的人均纯收入和城镇家庭的人均可支配收入进行了对比（见图3—9），结果发现，坝区移民家庭的人均纯收入一直低于宜昌全市城镇家庭人均可支配收入，长期和宜昌市5%最困难家庭（城市贫困家庭）的人均可支

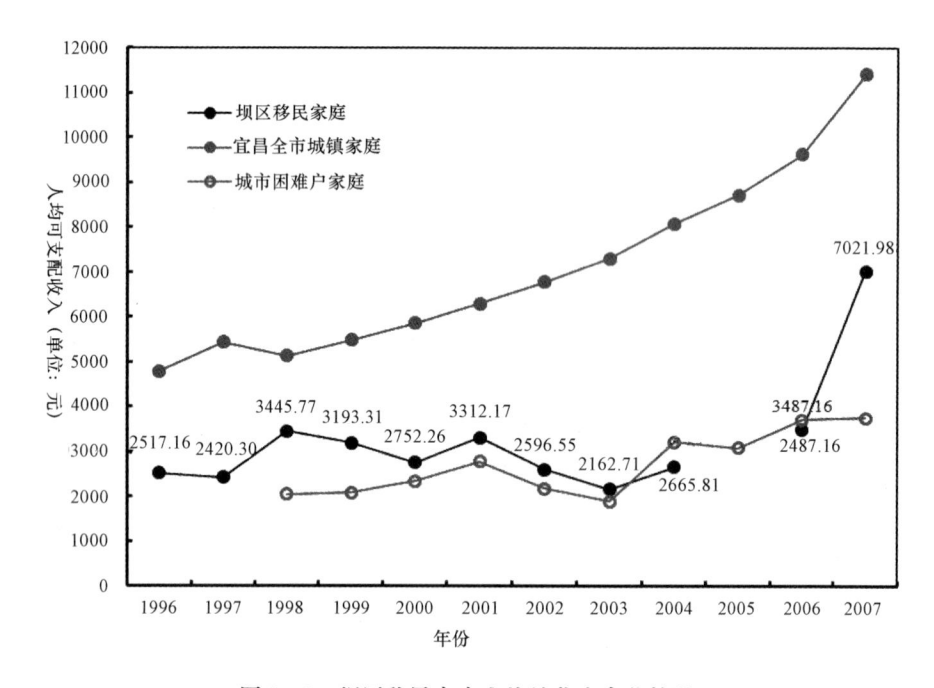

图3—9　坝区移民家庭人均纯收入变化情况

① 1997—1998年的支出中包括非农就业安置费拨付到用工企业的费用。

配收入相当[①]。

第三节 库区人口迁移主要结论

一 主要研究结果

通过本章研究，可以得到以下两点基本结论：第一，就地后靠农业安置移民家庭的人均纯收入明显高于宜昌全市农村家庭人均纯收入，外迁农业安置移民家庭的人均纯收入位于宜昌全市农村家庭人均纯收入与国家规定的低收入贫困线之间，坝区非农就业安置移民家庭的人均可支配收入则远远低于宜昌全市城镇家庭的人均可支配收入水平，且长期与城镇困难户家庭的可支配收入水平相当；第二，就地后靠农业安置能够实现家庭经济状况的平稳过渡，并具有实现"逐步能致富"的移民总体目标，在现阶段应该成为工程建设移民的首选安置模式。外迁农业安置移民家庭在经历一定时期的经济困难之后，通过适应新的生产环境与生产技能，能逐步恢复家庭经济状况，但周期相对较长，且存在致贫风险，是在库区环境容量限制条件下的次选安置模式。坝区非农就业安置模式的移民家庭经济状况长期处于困难境地，在今后的移民工作中应该慎重选择。

二 相关政策建议

针对现存的移民问题以及今后要开展的工程移民工作，我们提出以下政策建议：

---

① 按照一般的思路，应该与城市贫困线相比较，但笔者没有发现和农村家庭对应的城市贫困线。由于世界银行提供的贫困线标准与我国的实际情况存在出入，因此本章也没有采用世界银行的标准。

水库移民政策的制定应以能力贫困与能力发展理论为指导。根据我国的自然地理条件与水库建设的实践，水库建设一般发生在自然环境较为恶劣，社会经济不发达的偏远山区，移民的主要群体是经济条件相对较差，受教育程度相对较低的社会弱势群体。从经济学角度来看，移民的过程实质就是搬迁家庭各种资本的丧失、恢复与发展的社会变迁过程。在这一过程中，社会变迁通过影响各种资本失效致使移民人群能力受损进而导致介入型贫困，相应地，在社会变迁的过程中，应该高度注意受影响人群的能力再造，这是保障相关区域和人群提升可持续发展能力的关键[①]。从目前的方针来看，开发性移民方针已经暗含了能力贫困与能力发展的思想，但有关能力贫困与能力发展的理论还没有完全贯彻到移民政策中。因此，在今后的工程移民法规、政策以及规划方案修订或制订过程中，应该明确以能力贫困与能力发展理论为指导。

现阶段水库农村移民的安置模式应始终遵循"以土为本，就地后靠为主，就近外迁为辅"的原则。这既是多年水库移民实践经验的总结，同时也符合移民家庭的主观意愿，多年跟踪调查的结果也证实该原则有利于实现移民家庭能力的再造与发展。尽管这一原则得到了众多研究人员与移民工作人员的认可，但在具体的工作中，多原则并举是普遍存在的，如"多渠道安置与鼓励外迁安置结合的原则""坚持因人制宜的原则"等。实际上，原则多了就是没有原则，原则多实质就是希望增加移民的工作手段与措施，不是以人为本的思想。

开发性移民的具体工作应以有效扩大库区环境容量为首要工作内容。就现有的研究与实践来看，之所以产生众多背井离乡或者完全脱离土地的安置模式，其理论依据就是库区环境容量有限，不足

---

① 杨云彦等：《社会变迁、介入型贫困与能力再造——基于南水北调库区移民的研究》，《管理世界》2008年第11期。

以容纳淹没线下的移民。我们认为，造成这一局面的原因在于对环境容量一词在认识上或实践中存在误读。从理论上讲，环境容量不仅与自然生态环境有关，同时还与系统（库区社会）开放程度、科技进步、社会阻力与生活水平期望等社会因素关系密切[①]。然而在移民实践中，谈到环境容量，首先想到的问题就是生态环境脆弱问题，开发的重点也是不影响生态条件下的荒废地开垦，而严重忽视了其他看不见的社会环境的改造。殊不知，水库建设本身就是对原有社会系统的改造内容之一，调研的结果也证实了在移民家庭土地减少的情况下，库区后靠移民家庭仍能通过水库建设提供的各种契机以实现家庭经济的平稳过渡与良性发展。因此，在一方面改造自然环境的同时，如何将水库经济与移民家庭经济发展结合[②]，从而提升或消除其他影响因子的作用以提高环境容量，正是我们移民工作的突破口。从文献来看，这方面的研究与实践显然过少[③]。

　　针对不同安置类型的移民家庭，应该采取差别化、有针对性的移民政策。库区环境容量的扩大固然是首要选择，即便如此，我们也不能排除仍然存在外迁安置与非农安置的可能，而且，移民本身也有自由选择安置模式的意愿与权利。由于不同移民类型家庭面临的能力损失不同，那么在安置政策上就应该体现差别化与针对性。三峡工程移民资金的使用实行的是经费定额控制、包干到县的办法，因而如果提高外迁移民的安置标准，则势必会降低库区内就近安置移民家庭的标准。而调研结果表明，外迁移民同后靠移民相比，面临的实际损失确实更大，恢复更困难。在安置过程中，秭归县提高了外迁移民的安置标准以鼓励移民外迁，但每外迁一个移

[①] 高建国等：《库区移民安置模式比较研究》，《财经理论与实践》1998年第3期。
[②] 其实质就是将移民资金投向、移民家庭技能培训、移民政策扶持等提升家庭能力的措施与水库的建设与运营密切结合。
[③] 安虎森、邹璇：《"产权置换"与大型工程移民补偿问题——以三峡库区移民为例》，《管理世界》2005年第11期。

民，县级财政就要多贴一份资金，外迁越多，地方政府补贴负担越大，这又会抑制政府部门开展移民工作的积极性。由此可以看出，一刀切简化了工作程序，却把移民工作变成了对地方行政部门的摊派，最终演变成了一种政治任务，这对政府工作不利，对移民家庭更加不利。因此，针对不同安置类型的移民家庭，应该采取差别化、有针对性的移民政策。

在后续的移民工作中，就地后靠移民家庭的工作重点应放在库区环境容量的进一步提高上，如果有后续移民资金或其他社会资金的投入，应该以改造移民家庭土地生产力为主，进一步培养移民家庭非农业经营性经济与水库建设与发展的生命周期过程紧密结合，从而保证后靠移民家庭经济的可持续发展；在前期的移民工作中，外迁移民家庭政府与社会支持明显不足，后续的工作重点应该考虑优惠的贷款政策支持，甚至可以考虑延长资金补贴年限或提高补偿标准等；坝区非农就业移民家庭是今后移民工作的重中之重。尽管宜昌市移民局针对坝区移民安置状况，早在2002年就提出了坝区非农安置移民重新进行有土安置的建议，但从实际调研结果来看，截至2007年，这部分移民的家庭经济状况并没有得到改善。针对非农安置移民家庭，应该考虑重新制定安置的方针。

移民跟踪调查工作本身就是一项非常有价值的工作，应该作为今后工程移民工作的常规性工作内容来抓。移民跟踪调查不仅能及时发现前期移民工作的不足，从而可以在第一时间为后续工作的调整提供指导，同时也可以为今后移民工作提供研究的素材与宝贵的参考。但是，虽然工程建设移民在新中国持续了近60年，人数累计千万以上，但迄今我们并没有发现公开发表的基于跟踪调研的文献或报告，这是以往工作中存在的一个大的问题。同时我们还建议，为了保证跟踪调研工作的连续性与公信力，负责跟踪调查的部门应该是政府与工程建设单位以外的第三方机构。

第四章

地质灾害与农户生计

从全国范围来看，地质灾害多发区域往往和贫困联系在一起，地质灾害地区在地理上的区位、地质灾害在区域内的分布状况、地质灾害的类型与发育水平、地质灾害的发生频率与发生强度等均会直接影响到区域内人口的社会经济状况，而且能够直接综合地反映农户贫困状况是其生计水平及其拥有的生计资本。

本章首先综合考察了研究区域的地质灾害现状，主要包括区域内地质灾害种类及规模、地质灾害发育分布状况、地质灾害危害程度、地质灾害集中发育区段、重大地质灾害危险点的情况，并对目前的地质灾害防治工作的进展进行了分析，以此为基础采用地理信息系统进行了综合分析并最终确定农户实地调研的具体位置。

其次，我们在综合分析地质灾害与人口迁移关系的基础上，进行了地质灾害多发地区人口社会脆弱性调查问卷的设计，从而获取灾害多发区域的农户在地质灾害响应、受灾情况、灾害感知、迁移策略等方面的综合信息。

最后，我们根据调研数据重点对地质灾害多发地区农户生计贫困的背景、生计贫困的现状进行了分析，通过实证分析阐明了区域内农户贫困的成因，并综合比较了区域内受灾农户与未受灾农户的生计资本，从而为后续进一步地分析其家庭脆弱性奠定基础。

第一节　宜昌地区概况与数据来源

一　宜昌地区概况

宜昌市位于湖北省西南部,地处长江上游与中游的接合部、鄂西山区向江汉平原的过渡地带,"上控巴蜀、下引荆襄"。地跨东经110°15′—112°04′,北纬29°56′—31°34′,东西最大横距174.08km,南北最大纵距180.6km,辖区总面积21226.85km²。东与荆州市和荆门市毗邻,西与恩施土家族苗族自治州接壤,南抵湖南省石门县,北靠襄樊市和神农架林区。宜昌市现辖3个县级市(当阳市、宜都市、枝江市),5个县(远安县、兴山县、秭归县、长阳土家族自治县、五峰土家族自治县),5个区(夷陵区、西陵区、伍家区、点军区、猇亭区),总人口405.97万人。该地区是全国地质灾害最严重的地区之一,因其地质条件极度复杂、季节分布不均、降雨过于频繁,使该地区地质灾害具有分布广、种类多、频率高、灾情重的特点。其地质灾害种类包括滑坡、山体崩塌、地面塌陷、泥石流、地裂缝、地面沉降等,其中又尤以滑坡和山体崩塌最为发育。目前,宜昌市存在大量的地质灾害隐患,严重威胁人民群众生命财产安全,预估经济损失达82.54亿元,威胁人口23.6万余人,地质灾害是制约该区经济和社会发展的重要因素。

地质灾害是指由于自然因素或人为因素而引发的与地质作用相关的危及公民生命安全和财产安全的山体滑坡、山体崩塌、泥石流、地面坍塌、地裂缝、地面沉降等灾害。通过认识地质灾害的发生与发展规律,对地质灾害区进行划分,并基于区划有针对性地进行地质灾害防治工作,可以更合理利用地质环境资源,以避免或缓解地质灾害引起的人身财产安全损失,对维护社会秩序稳定,保障生态环境安全，促进经济可持续性发展及全面建设小康社会意义重大。

（一）地质灾害现状

宜昌市境内地形地貌多样，山地、丘陵和平原相互交织，不同地区海拔差异悬殊。西部地区以山地为主，面积约占全市总面积的69%，主要分布在兴山县、秭归县、长阳县、五峰县、远安县和夷陵区的西部，大部分山脉海拔1000米左右，不少山脉海拔高度在2000米以上，兴山县仙女山海拔2427米，为全市最高峰。山区峡谷众多，举世闻名的长江三峡之一的西陵峡就是其中之一。中部地区处于山地与平原的过渡地带，以丘陵地形为主，由低山或坡度较缓、连绵不断的高阶地经长期风化、剥蚀和切割而成，海拔100—500米，坡度5—250，占全市总面积的21%，主要分布在远安、宜都、夷陵的东部和当阳北部。东部地区位于江汉平原西缘，以平原地形为主，海拔在100米以下，占总面积的10%，分布在枝江、当阳东南部、城区东南部和宜都、远安沿长江、清江下游两岸、沮漳河流域谷地两侧。宜昌市海拔最低点在枝江的杨林湖，宜昌市总体呈现出"七山二丘一平"的地貌特征。

区内属于亚热带季风气候，具有和夏季降水集中、雨热同季的气候特征。年平均降雨量960—1600mm，大部分区域年无霜期256—310天。区内水系属外流水系，以长江为主脉，河流多、密度大、水量丰富，年平均总水量4741.4亿m^3，市境内长度大于10km的河流有99条，其中集水面积在50km^2以上的河流有64条，总长3793km，总集水面积占全市的83.9%。主要河流有：长江、清江、沮漳河、黄柏河、香溪河等。

宜昌市地质构造复杂，黄陵背斜、秭归盆地、荆当盆地以及一系列东西向褶皱构造构成本区地质构造总体轮廓。黄陵背斜核部由各类花岗岩和前震旦纪变质杂岩所组成，其东、西两侧各时代沉积地层依次出露。黄陵背斜的东西两侧分别为荆当盆地和秭归盆地，盆地内沉积了中生代地层。五峰、长阳一带由一系列东西向褶皱（长阳复背斜、仁和坪向斜、青岗坪向斜）组成，并受北西大断裂所控制，为一整套震旦纪至三叠纪沉积地层分布区。本区地震烈度未超过Ⅵ度。

由于宜昌市所处地区地质条件复杂，降雨丰沛，加之人类工程活动的频繁影响，导致该区地质灾害发生具有分布广、种类多、频率高、危害大的特点。

1. 地质灾害种类及规模

宜昌市地质灾害类型有滑坡、崩塌、泥石流、地面塌陷等，尤以滑坡、崩塌最为发育。据调查成果资料显示，宜昌市共有各类地质灾害点2745处，各县（市、区）均有分布。其中调查滑坡点1709处，崩塌点523处，地面塌陷94处，泥石流19处，地裂缝17处，不稳定斜坡316处，塌岸47处。按其规模划分，小型的地质灾害点1382处，中型841处，大型431处，巨型91处。

2. 地质灾害发育分布状况

宜昌市属地质灾害高易发区，地质灾害发育广泛，各县（市、区）均有分布。主要分布在三峡库区、清江库区、磷矿、煤矿区及公路沿线一带。

3. 地质灾害危害程度

宜昌市属地质灾害频发地区，安全隐患较重。其中危害重大级的地质灾害点284处，特大级的地质灾害点106处。新中国成立以后宜昌市发生的地质灾害已造成人员死亡446人，千余头牲畜死亡和一批民宅（房、窑）塌毁及公路、桥梁、矿山、工厂、水利、电力设施破坏。远安盐池河塌陷、秭归福禄溪村泥石流、秭归千将坪滑坡等重大地质灾害造成严重的人员伤亡和重大财产损失。

目前，宜昌市还存在大量的地质灾害隐患，严重威胁人民群众生命财产安全。宜昌市地质灾害预估经济损失达 82.54 亿元，威胁人数 236163 人，地质灾害已经成为制约经济和社会发展的因素之一。

4. 地质灾害集中发育区段

宜昌市地质灾害虽然点多面广，根据其集中度划分为 6 个高易发区段：

（1）三峡库区及长阳土家族自治县榔坪一带滑坡、崩塌、塌岸地质灾害高易发区；

（2）兴山县水月寺镇树崆坪—夷陵区樟村坪—远安县九女、盐池河、荷花、洋坪、花林寺一带磷矿、煤矿区崩塌、地面塌陷地质灾害高易发区；

（3）远安县河口、赵家河—当阳市尖套河、马店一带滑坡、崩塌地质灾害高易发区；

（4）夷陵区大庙—晓峰雾渡河沿岸滑坡、崩塌地质灾害高易发区；

（5）长阳土家族自治县城—渔峡口清江沿线及五峰土家族自治县城关、采花、牛庄、长乐坪一带滑坡、崩塌地质灾害高易发区；

（6）宜都市王家畈、松木坪—五峰土家族自治县仁和坪一带崩塌、地面塌陷地质灾害高易发区。

这些区段人类工程活动均较强烈，主要表现为采矿、水利建设、城镇建设等。

宜昌市矿产资源丰富，随着矿产资源的大力开发，形成大面积的采空区，由采矿引发的地质灾害已经逐渐显露出来，并呈现逐年增多趋势。三峡水库蓄水后，很容易导致一些老的崩塌、滑坡复发，并有可能诱发新的滑坡、崩塌和塌岸等地质灾害。随着社会经济和城乡、道路、矿山、水利建设的规划发展，宜昌市未来地质灾害将主要沿矿区、三峡库区、拟建公路、铁路区段、城镇建设区等人类工程活动强烈地段发育（发展趋势）。

5. 重大地质灾害危险点（段）

宜昌市地质灾害隐患点（段）众多，根据稳定性差、危害性大、成灾影响深远的原则，除纳入三峡库区地质灾害防治项目外，重大地质灾害危险点（段）198处，目前还威胁着近4.2万人，预期可能造成的经济损失达14.08亿元。部分隐患点（段）变形呈逐年加剧之势，潜伏重大隐患。

（二）地质灾害防治工作进展

为了从根本上减少和杜绝地质灾害的发生，达到标本兼治，宜昌市始终坚持从管理体系、法规体系入手，努力规范人类与地质环境相关的行为活动，强化地质环境保护意识，理顺地质灾害防治程序。20世纪80年代开始进行了滑坡崩塌调查，对秭归新滩、链子崖等重大崩滑点进行了调查评价和勘查治理。2000—2006年，开展了以县（市、区）为基础的地质灾害调查和区划工作，并编制完成了县（市、区）地质灾害防治规划。同时相继进行了一些地质灾害调查工作，基本查明了宜昌市地质灾害的类型、规模、形成条件、危害程度和分布特征，为宜昌市地质灾害防治工作奠定了基础。

21世纪以来，宜昌市社会经济迅猛发展，一方面，三峡水库建设等一系列重大工程落户宜昌，另一方面地质灾害日趋频发，给宜昌的居民人，财产安全造成巨大侵害，灾害防治问题引起地方各级政府乃至国家相关部门的高度重视，2001年7月开始国家投入专项资金对三峡库区地质灾害实施了二、三期工程治理和监测预警，并取得了十分明显的防治效果。近十年，由于国土资源部、省国土资源厅的大力支持，相继对一些危害严重的重大地质灾害体实施了应急治理或搬迁避让，对部分不稳定的地质灾害点实施了应急调查和监测预警，编制了防灾预案。与此同时，在工程建设过程中严格执行了建设用地地质灾害危险性评估制度，矿山地质环境影响评估制度，矿山地质环境恢复治理备用金制度，并取得了明显的经济效益、社会效益和生态效益。

二　数据来源

本书所用数据取自中南财经政法大学承担的国家社科"基于GIS的地质灾害多发地区人口分布与迁移及其调控研究——以湖北宜昌地区为例"课题，于2013年4月对宜昌地区农村居民开展的入户抽样调查。共收回有效问卷530份，所有问卷由户主或长年在家的成年人回答。调查内容分为两部分：第一部分调查对象为所有被访者，主要内容有家庭基本信息、家庭经济信息、所在村社会公共服务状况、家庭对地质灾害风险的感知与响应和房屋所在地地质灾害基本情况调查；第二部分调查对象为遭受过地质灾害，并给家庭的生命与财产安全带来过损害的家庭，主要内容有经历灾害的时间、地点、频次，人员伤亡情况，资产损失情况，灾害期间得到的政府及社会救援情况，家庭如何应对或缓解所经历的灾害等。因提取的个人信息为户主信息，所以剔除非户主的被访者样本，最终提取户主样本共380份，主要引用问卷第一部分的相关内容和数据。

第二节　地质灾害多发地区农户贫困成因分析

一　农户生计贫困背景

贫困是人类社会始终面对的一个问题。随着科技的进步，现今贫困的绝对数量已大大减少。人们的目光开始更多地集中在某些特定区域或特定特征的贫困人口上，其中就包括地质灾害频发区的贫

▶ 外力冲击、社会脆弱性与人口迁移

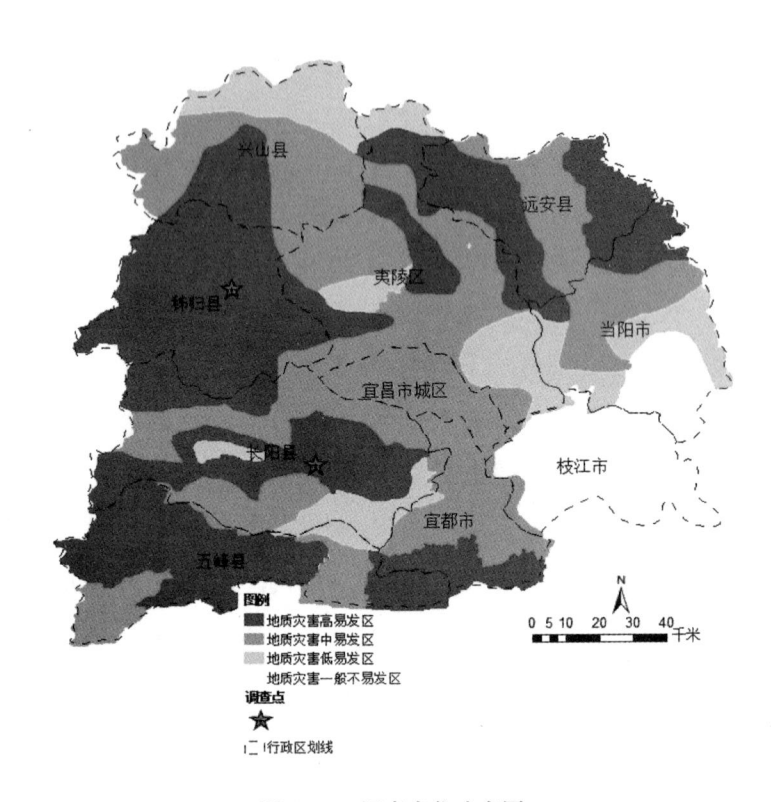

图 4—1 调查点位分布图

困人口。由于地质灾害的频繁发生，在对当地居民形成直接的人身安全危险的同时，也会对农业生产、交通运输及房屋建设等经济生活多方面产生直接和间接的影响，使其极易陷入贫困之中。目前我国有地质灾害隐患点达20余万处，其中，威胁人口100万人以上，造成财产损失5000万元以上的有1.6万—2万处。2010年全国共发生地质灾害30670起，造成直接经济损失63.9亿元[①]，这都说明了地质灾害的破环性和广泛性，而目前国内针对这一特定区域的贫困问题还缺乏研究，尤其是地质灾害对最终导致人口贫困的影响缺

---

① 欧阳资生：《地质灾害损失分布拟合与风险度量》，《统计研究》2011年第11期。

乏深入的调查与定量的分析，导致目前针对地质灾害频发区的贫困问题，很难拿出有效的有针对性的扶贫政策。

我国对地质与自然灾害的研究虽然较早，但主要集中在灾害的自然问题（预测、预警和防御等）上。21世纪初才逐渐有学者关注灾害的社会和经济问题，陈勇[①]和马德富[②]对自然灾害下的农户生存和迁移选择进行了研究。而学者们普遍的观点是地质灾害导致了该区域内的人口贫困现象[③]，地质灾害区域和贫困区域存在着高度的耦合性[④]。在目前的研究中，只有少数学者，对灾害频发区的贫困成因进行了机理分析，如李小云[⑤]等认为农户少量的金融资本转化为了物质资本，是导致他们贫困的一个重要因素。明亮[⑥]等认为农户的生计资产存量的不同导致其陷入贫困的可能性也不同。

综合而言，我国对地质灾害及其他自然灾害频发区内的贫困问题的研究还较为有限。尤其是缺乏微观数据，无法对贫困成因进行分析研究，因此，本节拟通过实地调查所取的微观数据初步分析地质灾害频发对农户的致贫机理。

[①] 陈勇：《对灾害与移民问题的初步探讨》，《灾害学》2009年第24期。

[②] 马德富：《论农民灾害心理及行为选择的有限理性及对策》，《湖北社会科学》2010年第3期。

[③] 庄天慧等：《自然灾害对西南少数民族地区农村贫困的影响研究——基于21个国家级民族贫困县67个村的分析》，《农村经济》2010年第7期。

[④] 丁文广等：《甘肃省不同地理区域灾害与贫困耦合关系量化研究》，《经济地理》2013年第3期。

[⑤] 李小云等：《地震灾害对农村贫困的影响——基于生计资产体系的评价》，《贵州社会科学》2011年第3期。

[⑥] 明亮：《自然灾害的农村贫困效应——对湖南SH村冰雪灾害的调查研究》，《广东农业科学》2011年第3期。

二 人口贫困现状分析

由于本章所使用的调查数据为2012年的农户家庭收入状况，所以本节以2012年的中国农村人口贫困线为标准：年人均收入2300元来界定是否贫困。在全部的380份调查农户中，家庭人均收入水平低于本节所设定的贫困线的共有85户，共涉及贫困人口390人，占样本总量的22.37%。远高于我国平均的9.45%的贫困率[①]。

调研数据的贫困缺口指数为37.58万元，这说明要把目前调研数据中的所有贫困家庭的收入补齐达到贫困线标准，需要花费37.58万元，平均每户需要花费4421元，贫困的深度和广度均十分惊人。

通过对统计数据的分析可以发现，贫困家庭存在一些共有的家庭特征：首先是家庭抚养负担大，贫困家庭在平均家庭抚养老人数和平均家庭抚养残疾人数上都明显高于非贫困家庭；其次是家庭文化程度低，以户主的受教育程度来衡量家庭的文化程度，可以看到贫困家庭的受教育程度低于非贫困家庭；最后是收入来源单一，贫困家庭的收入主要还是农业收入，只有少量的打工收入和转移支付收入，正式工收入几乎为零，而非贫困家庭的收入则以打工收入为主。

表4—1 地质灾害频发区的贫困与非贫困农户基本特征对比

类型	变量	贫困家庭	非贫困家庭
家庭抚养负担	平均抚养老人数	1.36	1.04
	平均抚养残疾人数	0.25	0.10

---

① 根据中科院《2012中国可持续发展战略报告》测算。

续表

类型	变量	贫困家庭	非贫困家庭
家庭文化程度	小学以下	14.1%	6.1%
	小学	37.6%	33.6%
	初中	40.0%	41.7%
	高中	7.1%	12.2%
	中专	1.2%	3.4%
	大专	0.0%	2.0%
	本科及其以上	0.0%	1.0%
家庭收入比重	转移支付收入	18.08%	0.50%
	正式工收入	0.15%	13.81%
	临时务工收入	18.19%	46.20%
	农业收入	61.00%	28.84%

三 研究设计与参数选择

(一) 研究假说

在本节所分析的区域内，地质灾害的主要表现形式为滑坡、塌岸，另外伴有小规模泥石流和小型地震。不同于常见诸报端、发生频率不高、但会对一个区域造成毁灭性打击的大型地震、火山等地质灾害，这些地质灾害具有小规模、高频率、高密集的特点。据调研中当地居民反映，在每年的雨季，几乎都有数次山体滑坡，家庭居住位置不好的农户，几乎每年受其冲击，轻则损毁农田，重则伤及人畜。

频繁发生的地质灾害对家庭发展产生了重大影响，其直接作用机理体现在两个方面：其一，通过毁坏农田或房屋造成农户家庭的直接经济损失；其二，地质灾害造成农户家庭成员受伤或致残，伤者的治疗不仅造成家庭经济的额外支出，同时农户的劳动力损失也会对家庭的收入产生影响，且加重了家庭的抚养负担。

面对地质灾害，农户往往需要调用资产存量来应付地质灾害冲击，这导致农户资本存量缺乏，而一些抗风险能力较差、资本存量不足的家庭，则难以抵御灾害冲击，就算偶尔脱离贫困，也很有可能由于频繁发生的地质灾害冲击而再度陷入贫困之中。加之农业生产受外界环境影响较大，以农业生产收入为主的传统农户更容易陷入贫困之中。

长期来看，在反贫困中起决定性作用的是人力资本存量，但人力资本的投资往往见效较慢，短期内难以产生显著影响，因而被农户忽视。农户通常倾向于把不多的资本投入到能快速见效的直接生产投资中去，并最终形成了因贫困中断人力资本投资，因人力资本投资中断导致更加贫困的恶性循环。

本书的目的不仅在于对宜昌市地质灾害频发区的贫困状况作出描述性统计分析，更希望能够对该地区居民的致贫因素和灾害致贫机理作出探讨。因此，基于地质灾害频发区的特殊背景，以调研所得到的数据为基础，并结合实地调研的认识，本节提出以下几点假设：

第一，地质灾害的发生频率和强度对家庭的发展产生重大影响。

第二，在地质灾害频发区内，抗风险能力差的家庭更容易陷入贫困之中。抗风险能力既包括农户的房屋是否坚固抗震这样的直观因素，也包括农户家庭的收入是否多元化，以及农户家庭在遭受地质灾害后，是否可以迅速组织起再生产的能力等多个方面。

第三，在面对地质灾害冲击时，很多农户家庭倾向于中断短期难以见效的人力资本投资来缓冲灾害影响，但从长期来看，这反而是很多家庭难以提高收入摆脱贫困的主要原因。

（二）模型选择

由于本节所处理的被解释变量是农户家庭是否陷入贫困，是一个典型的二分类因变量问题模型,因此选用 Logistic 回归模型进行计量分析。在自变量参数的选择上,本节选取了来自农户家庭的四个方面的特征来进行分析,这四个方面分别是:

(1) 农户家庭特征,具体参数包括农户家庭的户主受教育水平、农户家庭的老人数等六个指标。农户的受教育水平和农户收入之间存在明显的相关性[1]。本书认为,户主在家庭的生产选择上具有决定权,因此,户主的文化程度更能反映人力资本与经济发展的关联[2]。

(2) 农户居住环境特征,离其居住地最近的卫生机构通常是农户就医的第一选择,对农户的健康状况有着较大的影响,也决定了在遭受地质灾害后,农户是否能够得到及时有效的救助治疗,本模型中加入两个变量用以考察农村的卫生机构是否对农户家庭摆脱贫困产生了影响。而公路条件则是农户与外界联系是否紧密的一种表现,居住地道路条件较差的农户往往不愿意与外界沟通,同时还需指出,道路条件的好坏也受地质灾害影响,山体的落石会对道路造成明显损毁[3]。

(3) 农户资本特征,资本特征可分为社会资本和物质资本两个方面。农户的社会资本选取了户主的兄弟姐妹数作为参数,户主的兄弟姐妹是农户家庭的近亲,在农户家庭遭遇各种意外后,兄弟姐妹通常是最可能的求助对象,因此,在一定程度上反映出了农户家庭的社会资本状况。物质资本上选取了农户家庭的房屋好坏程度、

---

[1] 李宪印、陈万明:《农户人力资本投资与非农收入关系的实证研究》,《农业经济问题》2009 年第 5 期。

[2] 在模型中把户主文化程度为小学以下的赋值为 7,文化程度为小学、初中、高中、中专、大专和大学本科及其以上的依次赋值为 6 至 1。

[3] 其中最近的医疗卫生机构的基础设施条件通过农户自身的满意程度来判定,对于医疗卫生机构的基础设施条件,在调查中认为"好"的赋值为 3,认为"一般"的赋值为 2,认为"差,需要进行维修"的赋值为 1。模型中把农户家庭居住地公路条件为泥土路、碎石路、沥青路和混凝土路分别赋值为 1 至 4。

农户家庭是否拥有存款和农户家庭的资本存量①三个变量。

（4）农户居住地地质灾害特征，选取了农户居住地的地质灾害频发程度、是否在地质灾害中遭受了人身或财产方面的损失和是否因为地质灾害或水库修建发生了搬迁三个变量。

表4—2　　　　　模型中的自变量及其描述性统计

类型	变量名	平均值	标准差	最小值	最大值
农户家庭特征	户主受教育水平	5.26	1.045	1	7
	农户家庭中老年人口数	1.12	0.961	0	6
	农户家庭中残疾人数	0.16	0.419	0	3
	农户家庭规模②	20.203	15.525	1	121
	农户家庭农业收入比重	0.36	0.338	0	1
	农户家庭医疗支出比重	0.16	0.179	0	1
农户环境特征	农户居住地离最近的卫生医疗机构距离	2.31	1.045	1	4
	最近的医疗卫生机构的基础设施条件	1.85	0.611	1	3
	农户居住地公路条件	3.34	1.125	1	4
农户资本特征	户主兄弟姐妹数	4.34	2.076	0	10
	农户家庭房屋好坏程度	1.58	0.758	1	4
	农户家庭是否拥有存款	0.37	0.483	0	1
	农户家庭资本存量	256287	3.911	0	6280000③

---

① 农户的家庭资本存量定义为房屋、机械农业设备、家畜、交通工具、家电和珠宝首饰这六个方面的估值之和，在衡量的资产中排除了农田是因为本书认为在我国现有的体制下，农田土地不可以用来买卖，不具有流通交换价值，所以不符合资产的基本特征。

② 农户的家庭规模为农户家庭人口数的平方，这样处理的目的是增强计量分析的显著性。

③ 在调研过程中，我们了解到该家庭在镇上拥有很多家门面房。

续表

类型	变量名	平均值	标准差	最小值	最大值
农户居住地地质灾害特征	农户居住地的地质灾害频发程度	2.79	0.679	1	4
	农户家庭是否在地质灾害中遭遇了人身或财产方面的损失	0.51	0.501	0	1
	农户家庭是否因为地质灾害后水库修建发生了搬迁	0.46	0.499	0	1

四 实证分析结果

(一)实证结果

在经过共线性诊断确认本模型中所选用的参数不存在共线性问题后,通过计量计算得到如表4—3所示的结论。

表4—3　　地质灾害频发区人口贫困原因的计量分析(Logistic模型)

变量名	B	S.E.	Exp(B)
农户的家庭特征			
户主受教育水平	0.180	0.171	1.197
农户家庭中的老年人口数	0.046	0.169	1.047
农户家庭中的残疾人数	0.457	0.329	1.580
农户家庭规模	0.032***	0.010	1.033
农户家庭的农业收入比重	2.980***	0.475	19.680
农户家庭的医疗支出比重	1.276	0.792	3.581
农户的环境特征			
农户居住地离最近的卫生医疗机构距离	-0.083	0.158	0.920
最近的医疗卫生机构的基础设施条件	-0.268	0.276	0.765
农户居住地的公路条件	-0.255*	0.140	0.775
农户的资本特征			

续表

变量名	B	S. E.	Exp（B）
户主兄弟姐妹数	-0.114	0.079	0.893
农户家庭房屋好坏程度	-0.436***	0.198	0.647
农户家庭是否拥有存款	-0.810***	0.377	0.445
农户家庭资本存量	-0.000***	0.000	1.000
农户的居住地地质灾害特征			
农户居住地地质灾害频发程度	-0.416*	0.247	0.660
农户家庭是否在地质灾害中遭遇了人身或财产方面的损失	-0.414	0.364	0.661
农户家庭是否因为地质灾害后水库修建发生了搬迁	0.753***	0.372	2.124
常数项	0.484	1.476	1.623
样本量（个）	380		
似然比卡方值	111.723		
卡方显著性	.000		
Nagelkerke R^2	0.404		

注：*、**、*** 分别代表 10%、5%、1% 的显著性水平。

根据计量分析结果，我们可以得出一些有参考意义的结论，首先是对地质灾害频发区农户家庭是否陷入贫困产生显著影响的一些参数。

（1）农户家庭规模对其是否陷入贫困有显著的正向影响。这一点和许多其他学者的研究成果一致[①]。较大的家庭规模往往是因为存在三代甚至是三代以上人同居的状况，家庭中通常有老人需要抚养。较低的劳动人口比例和较高的抚养率使得家庭更容易陷入贫困

---

① 杜凤莲、孙婧芳：《贫困影响因素与贫困敏感性的实证分析》，《经济科学》2001 年第 3 期。

之中。

（2）农户家庭的农业收入比重对其是否陷入贫困有显著正向影响。这一结论和本节所提出的假说二一致。农业生产的产值受外界自然因素影响较大，而在地质灾害频发地区内的滑坡、泥石流、地震等地质灾害经常会摧毁农田，造成农户的经济损失。收入结构中农业收入比重越高，则其受到地质灾害的冲击影响越为严重，也越容易陷入贫困中。

（3）农户家庭的居住地公路条件对其是否陷入贫困有显著负向影响。公路条件越好的家庭，更容易与外界交流，及时获得各种信息，在发生地质灾害的时候也便于向外界撤离或从外界得到帮助，这都对家庭的经济发展产生积极影响。

（4）农户家庭的房屋好坏程度对其是否陷入贫困有显著负向影响。越坚固可靠的房屋，越能抵御地质灾害的影响，避免各种地质灾害对人畜和财产的损毁。

（5）家庭是否拥有存款对其是否陷入贫困有显著负向影响，这一结论和本节所提出的假说二一致。农村家庭的存款多用于应付突发状况，拥有一定数量存款的家庭可以缓冲因地质灾害或其他突发状况所造成的损失，避免突发事件造成更大的影响。

（6）家庭的资本存量对其是否陷入贫困有显著负向影响，这一结论也很好理解，其影响机理和第五条结论类似。家庭的资本在面对突发状况的时候可以变卖用以获得资金，从而缓冲突发事件对家庭所带来的影响。

（7）地质灾害的频发程度对农户家庭是否陷入贫困有显著的负向影响，这一结论和本节所提出的假说一不一致，同时也和我们的常理认识相违背。在这里本节试给出的解释是，一方面，如果一个农户家庭认定自己所居住的区域地质灾害频繁发生，则该农户家庭会更加注重对地质灾害的预防工作，当灾害到来之时，由于其准备工作较为充分,反而降低了其在地质灾害中所遭受的损失。而另一方面,某些农户家庭认为其居住地较为不易发生地质灾害,存有侥幸心理而对地质灾害疏于防护,突发性的地质灾害反而更容易对其造成严重的经济损失,使其陷入贫困之中。

(8) 农户是否因为地质灾害或其他因素发生搬迁对其是否陷入贫困有显著正向影响。迁移对于农户的经济和生活通常会造成较大的影响,一方面迁移后农户需要熟悉新的生活和生产环境,生产技术可能需要改良,社会资本也可能需要重组;另一方面搬迁意味着房屋和一些不易搬迁的固定资本的损失,在课题组调研过程中所被调查农户也普遍反映国家的搬迁补偿资金因为种种原因无法到位,搬迁损失未得到弥补,更加重了其陷入贫困的可能性。

另外,还有一些因素对农户家庭是否陷入贫困并没有产生显著的影响,这些因素也同样值得分析。

首先是户主的受教育水平对其陷入贫困并未产生显著影响,这一点也和常理相悖。本节给出的解释是,在调查农户中,绝大多数户主的文化程度集中在小学以下、小学和初中三个层次上,这三个层次的农户相加占总调查用户的 83.68%,而这三个层次从整体上看均属于较低的受教育水平,在整体较为封闭的经济和社会环境体系中,这三种受教育程度的农户家庭在收入上并不会存在显著差别,所以造成样本整体反映出户主受教育水平和其是否陷入贫困并不存在显著关联。同时,也正是因为这种状况,导致很多农户家庭认为人力资本的投资并不会带来家庭经济状况的明显改变。因而在面临地质灾害冲击的时候,倾向于中断家庭的教育投资,导致农户家庭在长期内处于一个较低的收入水平上。

其次是卫生医疗机构距离的远近和基础设施条件均未对农户是否陷入贫困产生显著影响。这说明在现阶段,修建较好的医疗设施对农户的生活并未产生明显的改观。这和调查中的农户所表现的态度一致，很多农户，特别是较为贫困的农户都表示村里面的卫生所条件再好也和他们无关，他们基本上不会去村里面的卫生所看病，因为他们认为那里的医生不仅医疗水平差，服务态度差而且收费昂贵。

(二) 相关政策建议

综合来看，计量分析的结果和本节所提出的假设基本符合，反映了地质灾害频发区农户家庭陷入贫困的一些主要影响因素，因此可以得出地质灾害频发区的贫困成因结论：(1) 地质灾害的频繁发生，对当地农户直接影响在于，造成农户的生产和生活资本损耗，使得农户极易陷贫，脱贫农户也容易重新返贫。抗风险能力强的农户家庭则能较好避免因地质灾害而陷入贫困。家庭中的物资资本和存款都可以缓冲地质灾害对生产资料和生产环境的破坏，多元化的收入结构也可以削弱地质灾害对农户的经济状况的冲击。(2) 地质灾害的频繁发生，对当地农户间接影响在于，形成了一个较为封闭的区域环境，一方面，使得该地区农户难以交流获得务工信息，导致收入来源单一，较为依赖农业收入，而农业收入又极易受到地质灾害影响而造成收入减少，使得农户容易陷入贫困。另一方面，在封闭的经济社会环境中，农户无法认识到人力资本的重要性，忽视家庭教育投入。从长期来看，较低的文化水平制约了农户家庭走向富裕，而陷入贫困和教育的恶性循环之中。(3) 虽然地质灾害对农户的生产生活造成严重影响，使得他们极易陷入贫困之中。但如果居民足够重视，积极防备，并且保持和外界联系畅通，互相帮助的话，则可以极大地降低地质灾害对农户家庭所造成的冲击。

任何一个特定区域或特定人群的贫困问题都是由多方面因素共同导致的。如本节所论述的地质灾害频发区的贫困现象，既和宏观上该区域环境险恶、交通不便等外在因素有关，同时微观上也和该地区居民对人力资本的作用缺乏认识，缺乏多元化收入能力等个体因素密切相关。因此，对该地区的反贫困政策也应该从宏观和微观两个方面同时进行。

在宏观角度上，首先应当加强环境治理力度，从根源上减少地质灾害发生频率。不少地质学者的研究指出，各种表生地质灾害和山区的生态环境是一个统一整体，可以通过改造生态环境来使得它有利于人类生存[①]。重新恢复山林天然植被的大面积覆盖，降低泥石流和山体滑坡的发生概率；严格监控，杜绝新的个人或企业对环境的破坏活动。其次是改善交通基础设施，加强落后贫困地区与外界经济联系。打破封闭环境对经济发展的障碍，改变当地居民故步自封的心态。最后是建立良好的地质灾害预警和防治机制，灾前积极预防，灾后及时救助，尽可能缓解地质灾害所带来的损害。调研中我们了解到，人们的灾害意识很强，一是由于2008年四川地震的影响；二是当局有宣传，有逃生路线指示，有安全区域的安排等。但也存在个别农户尽管当局通知搬离危险区，但仍然存侥幸心理未进行搬迁的情况。

在微观角度上，首先是推动区域教育事业发展，提高区域人口素质。从硬件上加强农村基础小学和中学的建设，在软件上鼓励广大城区骨干教师和优秀大学毕业生到农村从教。其次是发展乡镇工业和山区旅游业，同时鼓励农户外出务工，促进农业人口收入多元化。帮助地质灾害频发区的居民摆脱对自然的依靠，降低地质灾害对其生产生活的冲击。农户外出务工，可以在转变农户家庭收入结构的同时拓宽农户视野，把外界的生产技术和思想理念带回山区农村，促使山区封闭环境的瓦解。最后是改善保障制度，制定特定灾害保险政策。政府和各级商业保险机构可以设立对应的特殊保险机制，通过保险提高当地农户对地质灾害的抗风险能力。保险应包括

---

① 陈循谦：《表生地质灾害与山地生态环境关系探讨——以云南小江流域为例》，《中国地质灾害与防治学报》1992年第2期。

针对与地质灾害对农户人身安全所造成的损害和对农户农业生产所造成的损害，保证在地质灾害中受损的农户可以通过保险来得到补偿。

第三节 地质灾害多发地区农户生计资本比较分析

一 农户生计资本

农户家庭经济受到自然地理环境和经济社会发展状况的双重影响，相比于一般城市家庭生计而言，其生计资本的脆弱性问题更加突出。在地质灾害多发地区，农户生计资本的积累受到地质灾害发生频率的影响，生计资本在某一方面的缺乏或者几个方面的缺乏，导致农户在面临自然灾害等外来冲击时规避风险的手段非常有限[1]。在灾害发生时，农户生计资本损失程度取决于灾害发生的频率、灾害暴露的水平、农户能够有效利用的生计资本以及灾害的应急经验。同时，生计资本的存量又直接影响到不同农户的生计策略选择。

本节以地质灾害多发的宜昌地区为例，利用宜昌地区农村居民开展的入户抽样调查获取的530户农户的入户调查数据[2]，基于可持续生计框架对受灾农户与未受灾农户的生计资本现状、生计策略选择进行比较分析，并通过分析两类家庭在防灾减灾公共设施水平、政策、防灾减灾意识等方面的差异，探讨其对两类家庭生计资本的影响，从而对地质灾害多发地区农户的生计策略选择和防灾减

---

[1] 李小云等：《当前中国农村的贫困问题》，《中国农业大学学报》2005年第4期；李小云等：《农户脆弱性分析方法及其本土化应用》，《中国农村经济》2007年第4期。

[2] 同本章第一节调研数据。

灾的政策制定等提供建议。在回收的530份问卷中，剔除因关键变量缺失、数据不合理和记录错误的样本后，最后的有效样本数为495个，其中受灾农户家庭为234个，占有效样本数的47.3%，未受灾农户为261个，占有效样本数的52.7%。

二 研究设计与指标构建

近年来，"生计"一词广泛应用于农村贫困和农村区域发展的研究之中，然而学者并未明确"生计"这个术语的内涵和外延，他们从自身学科的角度给出了多种解释，"生计"概念有着极为丰富而深刻的含义。与"生活""工作""收入"和"职业"相比较而言，生计更能全面地对穷人生存的复杂性进行刻画和描述，从而可以从更广阔的视角来理解穷人为了生存安全而采取的策略选择[1]。因此，对"生计"定义的界定可以为进一步深入研究生计奠定基础。目前而言，"生计是谋生的方式"被大多数学者认可和承认，该谋生方式建立在能力（Capabilities）、资本（Assets）（包括储备物、资源、要求权和享有权）和活动（Activities）基础之上[2]。这个定义的重要特征直接关注生计资本和生计策略之间的联系，进而追求创造生存所需的收入水平的不同行动方式和策略选择[3]。可持续生计框架（Sustainable Livelihoods Framework，SLF）正在日益成为一种通用的分析工具，该工具为被用来寻找农户生计脆弱性诸多原因并给予多种解决方案，并在

---

[1] Carney. D, "Implementing a Sustainable Livelihood Approach, London", *Department for International Development*, pp. 52–69, 1998.

[2] Ellis, F, *Rural Livelihoods and Diversity in Development Counuries*, New York: Oxford University Press, 2000.

[3] Martha、杨国安：《可持续研究方法国际进展——脆弱性分析方法与可持续生计方法比较》，《地球科学进展》2003年第1期。

理论和实践上得到开发和重视[①],而且在世界各区域的扶贫开发和区域援助中得到普遍采用和不断实践。其中,英国国际发展(the UK'S Department for International Development,DFID)[②] 开发的可持续生计分析框架(SLF)最为典型(见图4—2),该框架将生计资本划分为人力资本、自然资本、物质资本、金融资本和社会资本五种类型,描述了不同农户在市场经济、制度政策以及自然环境因素等外力冲击造成的风险状态中,如何利用所拥有的财产、权利和可能的策略去提升生计水平,这个框架反映出不同农户生计资本构成、生计过程和生计目标之间的相互作用和相互关系。生计资本在不同的状况下,生计活动呈现出多元化的特征,在我国,不少学者运用可持续生计框架对贫困、农村发展、退耕还林地区农户的生计资本进行了大量的研究。国内学者陈传波等[③]运用可持续生计框架对中国小农户的风险及风险管理进行了详细的研究,文章认为目前中国农户在面对传统的农业经营风险之外,更多地面临着基本公共服务匮乏的状况,尤其在教育、医疗健康、养老保障等方面存在风险。而生计策略则是指人们通过对所拥有的生计资本进行规划和配置或选择与生计资本相匹配的生计活动来实现他们的生计目标,这一过程包括物质生产活动、投资策略、生育选择等多个方面[④]。许汉石等[⑤]把生计资本、生计风险与农户的生计策略结合起来进行分析,同时国内很多学

---

① 田亚平等:《区域人地耦合系统脆弱性及其评价指标体系》,《地理研究》2013年第1期。

② DFID. "Sustainable Livelihoods Guidance Sheets", *Department for International Development*, pp. 45 – 56, 2000.

③ 陈传波、丁士军:《对农户风险及其处理策略的分析》,《中国农村经济》2003年第11期。

④ 苏芳等:《生计资本与生计策略关系研究——以张掖市甘州区为例》,《中国人口·资源与环境》2009年第6期。

⑤ 许汉石、乐章:《生计资本、生计风险与农户的生计策略》,《农业经济问题》2012年第10期。

者对该框架从理论上进行了进一步的拓展，杨云彦[①]认为可持续生计分析框架是一种甄别农户生计可持续发展主要限制因素及其相互关系的集成分析方法和建设性工具。蔡志海[②]对汶川地震贫困人口的生计问题进行了研究。唐轲和谢旭轩[③]等对我国退耕还林地区的农户生计问题进行了研究。

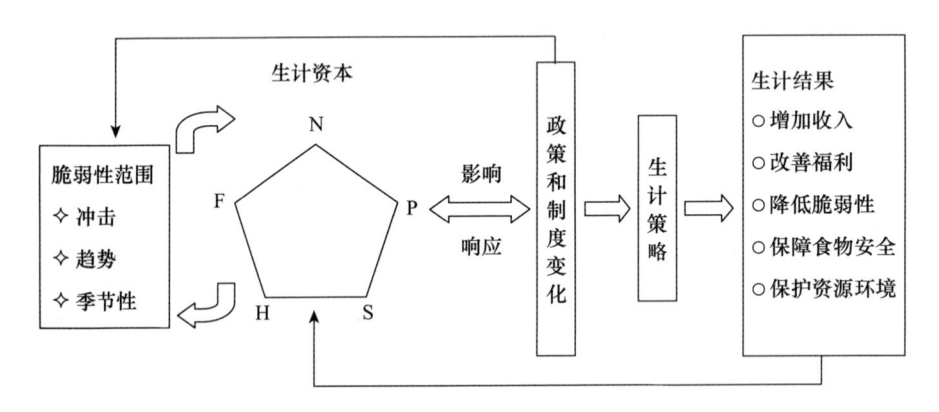

图4—2 DFID可持续生计分析框架

注：N表示自然资本；P表示物质资本；S表示社会资本；H表示人力资本；F表示金融资本。

本节根据调研数据，结合已有研究文献的生计资本分类方法，采用如下指标体系衡量农户的生计资本：

（1）自然资本。农户的自然资本主要是指农户实际所拥有的土地，土地是农户赖以生存的基础，也是维持其生计的重要投入要素，我们以家庭实际拥有的可耕土地数量来衡量其自然资本。

[①] 杨云彦、赵锋：《可持续生计分析框架下农户生计资本的调查与分析——以南水北调（中线）工程库区为例》，《农业经济问题》2009年第3期。

[②] 蔡志海：《汶川地震灾区贫困村农户生计资本分析》，《中国农村经济》2010年第12期。

[③] 唐轲等：《可持续生计分析框架下退耕户与非退耕户生计状况分析》，《西北林学院学报》2013年第4期；谢旭轩等：《退耕还林对农户可持续生计的影响》，《北京大学学报》（自然科学版）2010年第3期。

(2) 物质资本。物质资本包括农户的住房状况，用于耕种的机械等生产设备以及家用的摩托车、空调、电冰箱等生活设备的数量，农户不仅可以利用相对丰裕的物质资本来提高家庭的劳动生产率和生活质量，还可以将其部分生产设备出租带来额外的收入。我们将物质资本归类为住宅总价值和家庭生产、生活耐用品价值两个二级指标。

(3) 社会资本。社会资本主要是指农户在日常生活中所形成的社会网络，主要表现为基于血缘关系的家庭亲戚网络、基于地缘关系的相邻网络和基于行政隶属关系的行政组织网络等[①]。农村地区，税法改革严重弱化了农村乃至乡镇的治理能力，同时农村党员数量较少，因而我们采用户主兄弟姐妹数量和人情支出这两个指标。

(4) 人力资本。人力资本是农户驾驭和支配其他资本的基础，决定着农户抗拒干扰、遭受冲击后的恢复能力，对人力资本的投资能有效降低农户的脆弱性。从以下三个方面来衡量农户的人力资本，其一为农户的家庭规模，用家庭总人口数量表示；其二为家庭劳动力个数，以18岁到55岁为计算范围；其三是受教育水平，以户主的受教育年限来表示。

(5) 金融资本。金融资本是指农户所拥有的流动性比较强、或用于未来突发事件的发生以及用于保值增殖的资本，反映了农户家庭的殷实程度。农户在回答调研问题时，常常隐瞒家庭金融资本尤其是存款的真实情况，因而在金融资本中我们不采用存款这一指标，而采用了四个子指标：第一个指标是家庭投资，资本投资、生产资料租赁、放贷、基金购买、银行利息及其他商业经营性活动；第二个指标是贵重便携物品，主要是随身佩戴的指耳环、项链等首饰；第三个指标是购买保险的数量；第四个指标是保险应对灾害的能力。各资本指标的设置如表4—4所示。

---

① 李斌等：《农村发展中的生计途径研究与实践》，《农业技术经济》2004年第4期。

表4—4　　　　　　　　生计资本指标体系构建

指标体系	一级指标	二级指标	单位
生计资本	自然资本	农户耕地面积	亩
	物质资本	住宅总价值（估价）	元
		家庭生产、生活耐用品价值（估价）	元
	社会资本	户主兄弟姐妹数量	个
		家庭每年人情支出	元
	人力资本	家庭人口规模	个
		家庭劳动力个数（18—55岁）	个
		户主的受教育年限	年
	金融资本	家庭投资	元
		贵重便携物品	元
		购买保险数量	种
		保险应对灾害的能力	%

三　农户生计资本实证比较

（一）两类农户的生计资本

通过生计资本的界定和指标构建，结合宜昌市入户调查数据，得到受灾农户和未受灾农户的生计资本状况，如表4—5所示。

表4—5　　　　　　　两类农户的生计资本比较

变量名和定义	受灾农户（均值）	未受灾农户（均值）	t检验结果（双侧）
自然资本 户耕地面积/亩	2.1091	2.0461	0.645

续表

变量名和定义	受灾农户（均值）	未受灾农户（均值）	t检验结果（双侧）
物质资本			
住宅总价值（估价）/元	78788.12	81704.92	0.7
家庭生产、生活耐用品价值（估价）/元	13636.7094	14948.5057	0.757
社会资本			
户主兄弟姐妹数量/个	4.77	4.12	0.001***
家庭每年人情支出/元	4190.81	4648.85	0.396
人力资本			
家庭人口规模/个	4.26	4.25	0.934
家庭劳动力个数（18—55岁）/个	2.8846	2.9195	0.806
户主的受教育年限/年	5.39	5.37	0.855
金融资本			
家庭投资/元	9560.34	216.20	0.276
贵重便携物品/元	106.44	7.70	0.055*
购买保险数量/种	1.547	1.5019	0.467
保险应对灾害的能力/%	4.23	4.44	0.017***

注：t检验用于检验均值；*、**、***分别代表10%、5%、1%的显著性水平。

通过比较受灾和未受灾的两类农户家庭的生计资本情况，结合统计分析，我们可以得出具有一定参考意义的结果：

（1）两类农户在自然资本、物质资本和人力资本三方面均不存在显著差异。在自然资本方面，受灾农户和未受灾农户的可耕地面积平均值分别为2.1091亩和2.0461亩，每户耕地面积不存在显著差异。农村土地按照户籍人口数为标准，结合历次耕地面积划分的情况确定每户耕地面积，农户家庭规模大致相当，因而每户耕地平均面积差异不大；物质资本方面，受灾农户和未受灾农户住宅总价值平均值分别为78788.12元和81704.92元，而在家庭生产、生活耐用品方面，受灾农户家庭平均值为13636.71元，未受灾农户平均值为14948.51元。无论是受灾家庭还是未受灾家庭，物质资本的价值都是巨大的。这是因为在农村地区，建造和装修房屋是一种传统，出于居住和婚姻的需要，农户在建造和装修房屋方面都会花费很多资金；人力资本方面，受灾农户和未受灾农户无论在家庭人口规模、家庭劳动力个数、户主年龄和户主受教育水平均十分接近。值得注意的是户主受教育水平和其是否受灾不存在显著关联，原因在于本次调查的农户中，绝大多数户主的文化程度集中在初中及以下等较低的受教育水平，占总调查农户的83.68%，在整体较为封闭的经济社会环境中，受教育程度低的农户在灾害防范意识上并不会存在显著差别，所以样本整体反映出户主受教育水平和其是否受灾并不存在显著关联。

（2）社会资本中户主兄弟姐妹数量存在正向差异，受灾的农户，户主兄弟姐妹数量平均值为4.77个，而未受灾的农户家庭，户主兄弟姐妹数量平均值为4.12个，二者存在显著的差异。这说明，受灾农户家庭规模更大，一旦发生自然灾害，受灾户的可供利用的社会资本更多，以降低自然灾害造成的影响，也能更快恢复灾害生产。

（3）金融资本具有显著差异。一是贵重便携物品价值存在负向差异。受灾的农户，随身佩戴的贵重便携物品价值平均值为106.44元，未受灾的农户随身佩戴的贵重便携物品价值平均值为7.70元。受灾的农户在金融资本方面高于未受灾的农户家庭，这不符合常理，原因是面临较高可能的灾害风险在一定程度上阻碍了该类家庭对物质资本、人力资本和社会资本的投资和积累，而更倾向于利用金融资本来抵御风险；二是农户购买的保险数量存在正向差异，但都处于较低水平。受灾农户和未受灾农户购买的保险种类分别为1.547种、1.5019种，受灾农户购买的保险种类略高于未受灾农户，同时两类农户购买的保险数量均比较低，说明面临较高灾害风险时，农户具有一定的通过保险分散风险的意识和行为；三是金融资本中保险应对灾害的能力存在负向差异。受灾的农户家庭，保险应对灾害的能力平均为4.23%，未受灾的农户家庭则平均为4.44%，结合前文两类家庭购买的保险数量均比较低这一因素，我们可以得出，虽然受灾的农户家庭购买的保险数量更多一些，但是与灾害对生计资本的打击相比，保险提供的应对灾害的能力相当弱小。

（二）两类农户的生计策略

农户的主要生计方式包括农业生产、务工（临时雇用、正式用工）、家庭经营（养殖、林果业等）、政府转移支付（补助）等多种方式，因而可以根据上述农户主要生计收入方式的不同来源渠道来解释其生计策略。农户正常的家庭生活包含吃饭、看病、教育、医疗等方面，这些会对农户的生计产生影响，因而不同类型的支出也可以解释农户的生计策略，所以，我们用农户的收入情况和支出情况来反映和解释农户的生计策略。受灾农户和未受灾农户的生计策略见表4—6。

表4—6 两类农户的生计策略比较

变量名和定义/元	受灾农户（均值）	未受灾农户（均值）	t检验（双侧）
收入状况			
家庭总纯收入	23238.12	26441.56	0.827
家庭人均纯收入	7227.4584	6771.4658	0.825
农业纯收入（农林牧渔业）	5856.19	4663.60	0.028***
临时务工收入	9938.03	13730.67	0.007***
工资收入（正式被雇用收入）	2491.45	3936.40	0.091*
经营性纯收入	181.20	1333.28	0.023***
政府转移支付收入	1262.21	679.97	0.016***

续表

变量名和定义/元	受灾农户（均值）	未受灾农户（均值）	t检验（双侧）
支出状况			
家庭总支出	24637.79	22370.02	0.167
食物支出	8425.56	7609.77	0.254
医疗卫生支出	3809.25	2821.35	0.02***
教育支出	3774.83	3057.69	0.372
其他生活支出（含衣物、交通及其他生活开支等）	9306.6376	9156.8972	0.132
家庭人均支出	6346.5265	5791.0648	0.215

注：t检验用于检验均值；*、**、***分别代表10%、5%、1%的显著性水平。

通过对受灾和未受灾的两类农户家庭的生计策略选择的实证分析，我们发现灾害对两类农户家庭的收入和支出均产生影响，具体而言：

（1）受灾农户家庭农业纯收入更高，未受灾的农户家庭临时务工收入、工资收入、经营性纯收入更高。受灾的农户家庭，农业纯收入平均值为5856.19元，未受灾的农户家庭，农业纯收入平均值为4663.60元，受灾农户的农业纯收入明显高于未受灾农户的农业纯收入，受灾的农户家庭，在临时务工收入、工资收入、经营性纯收入等的平均值分别为9938.03元、2491.45元、181.20元，均低于未受灾农户家庭在这三块收入的平均值13730.67元、3936.40元、1333.28元。原因是相比较于未受灾的农户家庭，受灾的农户家庭更依赖于农业生产取得的收入，需要花费更多时间在农业生产上，而与之相反，未受灾的农户家庭，在农业生产上，不需要花费很多精力，进而可以有更多时间通过务工、家庭经营获取更多收入。

（2）政府转移支付收入减轻了受灾农户的损失。受灾的农户家庭，政府转移支付收入平均值为1262.21元，未受灾的农户家庭，政府转移支付收入平均值为 679.97 元，二者存在显著差异。这说明，在灾害发生后，受灾的农户家庭能够取得更高的政府转移支付收入，进而降低了灾害对农户生计造成的损失。

（3）受灾农户家庭医疗卫生支出更高。受灾的农户家庭，医疗卫生支出平均值为 3809.25 元，未受灾的农户家庭，医疗卫生支出平均值为 2821.35 元，二者存在显著差异。实际调研发现，在灾害期间，部分农户的家庭成员经历了一些疾病，地质灾害的发生对受灾农户家庭成员造成外伤的情况比较多，因而本节认为受灾家庭医疗卫生支出更多的原因在于，受灾的农户家庭存在因为灾害伤残甚至死亡的情况，会发生医疗卫生费用和相关费用。

（三）防灾减灾政策与农户生计

地质灾害多发地区，农户的生计资本很容易遭受损失，在调研中，我们了解到，每年雨季几乎都有数次山体滑坡等自然灾害。家庭居住位置不好的农户，几乎每年都受其冲击，给农户的日常生计带来了重大影响。我们对调研区的防灾减灾建设情况根据调查问卷进行简要分析，以初步了解地质灾害频发区农户面临地质灾害的总体防灾减灾情况。防灾减灾情况见表4—7。

表4—7　　　　　　防灾减灾建设情况表

防灾/减灾措施	问题		农户百分比（%）	受灾农户（%）	未受灾农户（%）
防灾减灾培训	提供培训的主体	政府	99.2	99.5	98.8
		其他	0.8	0.5	1.2
	接受过地质灾害预防的宣传教育或正规培训		75.9	85.5	67.3
	接受过应急响应的培训		65.9	72.2	60.2
	培训信息有帮助		96.3	95.6	97.1

续表

防灾/减灾措施	问题		农户百分比（%）	受灾农户（%）	未受灾农户（%）
灾害预警	政府部门及时给予警告		47.4	66.1	30.5
	如何评价政府部门的警告	好	44.4	56.9	21.7
		一般	49.8	40.1	67.4
		差/待提高	5.8	3.0	10.9
灾害应急救援	灾害后当地政府部门多久到现场营救	<3 小时	54.1	69.9	25.3
		<12 小时	17.5	16.2	19.8
		>12 小时	28.5	13.8	55
	灾害期间，医疗机构接受诊治		81.0	88.5	74.3
	灾害期间，有水供应		84.2	90.6	78.5
防灾减灾成果	人身		0.2	0.2	0.0
	财产		50.7	50.7	0.0
	人身及财产		1.8	1.8	0.0
	无		47.3	47.3	0.0

通过上述受灾和未受灾的两类农户家庭在防灾减灾情况的描述性分析，我们可以总结出防灾减灾的一些特点：

（1）防灾减灾的措施。一是以政府为主体的防灾减灾培训，高达99.2%农户接受来自政府提供的防灾减灾培训，与此相比，仅有0.8%的农户接受其他组织提供的防灾减灾培训，社会力量参与的远远不够；二是培训的普及率还有待提高，目前仅75.9%的农户接受过培训，应急响应方面的培训的比例更低，为65.9%；调查数据显示，在灾害预警方面政府部门还有待进一步加强，目前仅有不到50%的农户能够得到有关灾害的及时预警，且对灾害预警工作的满意度不高；三是应急救援值得肯定，政府在灾害应急救援方面的工作做得相对较好，50%以上的政府部门能够对灾害进行及时的响应，80%以上的受灾农户能够得到必要的现场营救、医疗救助、开水供应等政府服务。

（2）受灾农户和未受灾农户对于政府防灾减灾的响应程度不同。灾害发生以后，对于政府实施救灾政策和措施，受灾的家庭更认可防灾减灾培训、灾害预警和灾害应急救援。与未受灾的农户相比较，受灾的农户接受防灾减灾培训的比例更高，对培训信息的认可度更高，对政府部门的预警和灾害应急救援也持更积极的态度。本书认为，造成这种差异的原因在于，农户在灾害发生之后，其接受政府防灾减灾培训的意愿会更高，对于政府的灾害预警信息更敏感，因而该农户会更加注重对地质灾害的预防工作，反而降低了下次其在地质灾害中所遭受的损失，从而对防灾减灾持乐观态度，灾害发生以后，政府会迅速启动灾害应急机制，对区域灾害的应急救援处置得更加及时，从而受灾的农户对政府应急救援工作认可度更高。

（3）防灾减灾效果比较一般，出现人身伤亡的较少，大多为财产损失。发生地质灾害后，47.3%的农户未受到损失，50.7%的农户受到财产损失，防灾减灾效果比较一般的原因在于，不论住户所居住区位，大部分家庭主要依赖自然资本生计，某些农户家庭认为其居住地较为不易发生地质灾害，存有侥幸心理而对地质灾害疏于防护，从而导致发生灾害时损失很大。

四 主要结论

地质灾害与其他类型自然灾害比较，是一类呈明显点状分布特征的灾害类型，在同一区域内，农户的受灾情况会由于暴露水平的差异而存在明显的差异。本节通过宜昌地区入户调查数据，基于可持续生计框架对受灾农户与未受灾农户的生计资本、生计策略及其

对政府层面的防灾减灾措施的主观认知等进行了深入调查,得到如下主要结论:

(1) 在生计资本方面,两类家庭总体处于较低的水平,其在自然资本、人力资本、社会资本及物质资本等方面均没有明显差异,但金融资本差异较大,受灾农户金融资本中贵重便携物品价值远高于未受灾农户,且统计意义明显。而在上述资本类型中,金融资本的比例又最能反映出农户在应对灾害时的生计策略选择。由于金融资本相对于其他资本而言,在规避风险层面更具有灵活性,由此说明,地质灾害多发地区农户从各种类型的资本拥有量及比例上,已具备主动适应并应变灾害的能力。

(2) 从收入与支出所反映的生计策略来看,两类家庭也存在一定的差别。具有统计意义的差异有农业纯收入、工资收入、经营性纯收入、政府转移支付收入和医疗卫生支出。受灾农户农业纯收入高于未受灾农户,而临时务工收入、工资收入和经营性纯收入均低于未受灾农户,表明大多数受灾农户主要收入来源于农业收入,而大多数未受灾农户靠外出务工和自主经营来增加收入。这与预期的结果刚好相反,一种可能的解释是,受灾农户往往所处的地理区位更加偏僻,不易与外界广泛的联系,同时,由于灾害本身的影响,需要投入更多的人力用于灾后的恢复,进而妨碍了其进行其他的生产活动。受灾农户在政府转移支付收入与医疗卫生支出两个方面均高于未受灾农户,反映出政府的减灾目标群体落实得比较到位,但相比于灾害支出而言仍显不足。

(3) 从两类农户对政府防灾减灾政策与措施的响应来看,有三个问题值得关注。一是就防灾减灾的政策而言,政府与社会层面仍有非常大的空间来进一步提高在灾害应对方面的公共服务能力与水平,尤其是社会力量的参与亟待加强;二是保险在应对自然灾害有很大的空间,农户购买的保险种类少,保险应对灾害的能力低,保险公司也应当积极开发适合灾害地区的灾害特种保险,同时政府部门应当积极出台政策乃至灾害保险补贴,农户也要积极购买灾害保险,通过保险提高抵御灾害的能力和保障水平;三是未受灾农户相比于受灾农户而言,其灾害感知能力相对缺乏,敏感性不足,将导致其应对未来的灾害风险表现更加脆弱。

第五章

地质灾害与农户生计脆弱性

据统计,2014年全国共发生地质灾害10907起,直接经济损失54.1亿元,频繁发生的地质灾害一方面不仅在宏观层面上造成了极大的破坏力,也严重干扰了微观层面上受灾区域个体正常的生产生活。另一方面随着科技、社会的快速发展,人们有能力而且有必要将目光更多地投向地质灾害多发地区这一特定区域的群体。地理自然系统和经济社会系统的双向耦合作用共同形成了农户的脆弱性,具体表现为可持续生计发展框架下的资产单一缺乏或多元缺乏,脆弱的生计资本会导致农户在面临外来冲击时规避风险的手段非常有限。[①] 频发的地质灾害加剧了农户的生计资产的脆弱性,而脆弱的生计资产则使农户在风险发生时不能及时采取有效的应对措施,导致农户的贫困循环且难以突破。贫困农户的典型特征在于生计脆弱性和资产配置或转换上的有限性两方面,基于可持续生计发展框架的农户脆弱性方法将农户资产分为自然资产、物质资产、金融资产、人力资产和社会资产五类,有助于更好地认识农户内部结构,从而对改善灾害多发地区农户的生活状况的政策制定等具有一定的

---

① 李小云、张雪梅、赵丽霞:《当前中国农村的贫困问题》,《中国农业大学学报》2005年第4期;李小云、董强、饶小龙等:《农户脆弱性分析方法及其本土化应用》,《中国农村经济》2007年第4期。

现实参考意义。

第一节 生计脆弱性与评估

一 生计脆弱性

《2000/2001年世界发展报告》中指出，脆弱性是个人或者家庭面临某些风险的可能，并且由于遭受风险而导致财富损失或生活质量下降到某一社会公认的水平之下的可能性。该定义将脆弱性与风险紧密相连，衡量家庭在面临风险时因现有能力不足而陷入贫困的潜在性，这也是它区别于贫困的一个显著特征[1]，贫困是对家庭目前经济福利状况低于某一水平（例如贫困线）的事后测量[2]，脆弱则具有前瞻性、预期性，是对家庭未来可能陷入贫困的事前测量[3]，因而贫困并不一定意味着脆弱，而脆弱也不代表今天的贫困。IPCC研究指出家庭脆弱性程度取决于其所面临的灾害暴露度、灾害敏感性和灾害适应能力[4]，其中暴露度是可能遭受的灾害的大小和持续时间，即外部条件和诱发因素，敏感性指系统受灾害影响的程度，适应能力为系统从灾害中恢复的能力[5]，田亚平等将三者所对应的

---

[1] Neil McCulloch, Michele Calandrino, "Vulnerability and Chronic Poverty in Rural Sichuan", *World Development*, No. 3 (2003).

[2] Dercon Stefan, "Assessing Vulnerability to Poverty", *Jesus College and CSAE, Department of Economics, Oxford University*, 2001.

[3] 韩峥：《脆弱性与农村贫困》，《农业经济问题》2004年第10期。

[4] Dercon Stefan, "Assessing Vulnerability to Poverty," *Jesus College and CSAE, Department of Economics, Oxford University*, 2001.

[5] Kristie L. Ebi, R. Sari Kovats, Bettina Menne, "An Approach for Assessing Human Health Vulnerability and Public Health Interventions to Adapt to Climate Change," *Environmental Health Perspectives*, No. 12 (2006). 邰秀军、罗丞、李树苗等：《外出务工对贫困脆弱性的影响：来自西部山区农户的证据》，《世界经济文汇》2009年第6期。

脆弱性分别概括为潜在脆弱性、基底脆弱性和现实脆弱性[1]。此外，家庭层面的收入及来源、结构规模、主要成员的就业层次和工作性质也是影响家庭脆弱性的重要因素[2]。

二 生计脆弱性评估

对脆弱性的评估，现有研究主要集中在两方面：一方面是通过测量家庭未来福利水平（收入或消费）低于贫困线的概率，主要针对目前并不贫困但未来可能陷入贫困的家庭，采用这一方法，获取家庭福利水平的概率密度函数分布和形式是难点，也是提高模型精确度的关键[3]；另一方面则是基于实地调研数据构建底层评估体系，并通过指标量化、赋予权重、建立评估准则、计算评估体系的脆弱性指数，分析区域社会脆弱性的现状及其决定因素。Hahn 提出的 LVI（Livehood Vulnerability Index）[4] 和 Cutter 提出的 SOVI（Social Vulnerability Index）[5] 比较具有代表性，二者均根据家庭所拥有的资产构建相应的指标体系来衡量家庭脆弱性。以此为基础，严奉宪等建立了基于变异系数法和层次分析法的农户灾害脆弱性评价指标

---

[1] 田亚平、向清成、王鹏：《区域人地耦合系统脆弱性及其评价指标体系》，《地理研究》2013 年第 1 期。

[2] 杨文、孙蚌珠、王学龙：《中国农村家庭脆弱性的测量与分解》，《经济研究》2012 年第 4 期；何平、高杰、张锐：《家庭欲望、脆弱性与收入 - 消费关系研究》，《经济研究》2010 年第 10 期。

[3] Kamanou G., J. Morduch, "Measuring Vulnerability to Poverty", *WIDER Discussion Paper*, No. 58 (2002). 万广华、章元、史清华：《如何更准确地预测贫困脆弱性：基于中国农户面板数据的比较研究》，《农业技术经济》2011 年第 9 期。

[4] Micah B. Hahn, Anne M. Riederer, Stanley O. Foste, "The Livelihood Vulnerability Index: A pragmatic approach to assessing risks from climate variability and change—A case study in Mozambique", *Global Environmental Change*, No. 1 (2009).

[5] Cutter Susan L., Boruff Bryan J., Shirley W. Lynn, "Social Vulnerability to Environmental Hazards", *Social Science Quarterly*. No. 2 (2003).

体系[①],并计算了湖北省监利县农户的涝灾脆弱性指数,谷雨等建立了评估农户生计脆弱性的综合分析框架和指标体系[②],并利用重庆市合川区入户调研数据对不同类型农户的生计脆弱性程度进行了实证分析,杨俊等利用HOP模型[③],以湖北省宜昌地区为例,以乡镇为基本单元分析了该地区的人口分布、地质灾害暴露、社会脆弱性及区域综合脆弱性。采用此方法,可以更好地认识调查区域脆弱性现状,但如何构建科学的指标体系和确定权数是现实研究中的瓶颈,还有待进一步发展。

对农户家庭的脆弱性进行分析,能识别出目前并非贫困但未来可能会陷入贫困的家庭,客观评价家庭应对困境的能力,从而可以将未来和现在的贫困纳入扶贫政策的目标中去,使贫困得到"预防"[④]。脆弱性的研究对于地质灾害多发地区的群体,其意义更是不言而喻,由于灾害发生的不可预期性、不确定性,这一群体所面临的潜在的风险性更大,未来陷入贫困的可能性也更大,且地质灾害不同于其他类型的自然灾害,具有突发性和点状分布,即便所处同一区域,面临的地质灾害风险也有所差异,因此本章拟构建指标体系来采用多因素加权综合评分法来度量地质灾害多发地区农户家庭的脆弱性,将灾害发生频率高的家庭和发生频率低的两类不同的家庭的脆弱性进行对比,试分析二者的差异,并探讨其形成的根源。

---

① 严奉宪、李潘坡、朱增城:《基于农户尺度的灾害脆弱性实证研究——以湖北省监利县为例》,《农业技术经济》2011年第10期。
② 谷雨、王青:《新时期不同类型农户生计脆弱性研究——以重庆市合川区为例》,《湖北农业科学》2013年第7期。
③ 杨俊、向华丽:《基于HOP模型的地质灾害区域脆弱性研究——以湖北省宜昌地区为例》,《灾害学》2014年第3期。
④ 万广华、章元:《我们能够在多大程度上准确预测贫困脆弱性?》,《数量经济技术经济研究》2009年第6期。

本章数据来源为在宜昌地区对农户开展的入户抽样调查数据①。在回收的530份问卷中，因住房状况、实物资产等关键变量缺失而剔除的样本有32个，因数据不合理和记录错误而剔除的样本3个，最后的有效样本数为495个，有效样本率为93.4%。依据受访者对所处区域灾害发生等级的回答，将"不发生"和"低发"设置为灾害发生频率低，"中发"和"高发"则为灾害发生频率高，样本中灾害发生频率低的农户为194个，占比39.2%。

第二节 灾害多发地区农户家庭脆弱性的测量

一 构建指标评价体系

Strassoldo等指出灾害是社会脆弱性的实现②，强调脆弱的内生性，即由于受灾体缺乏足够的抵御能力应对致灾事件而呈现的一种状况，黄承伟等也认为家庭脆弱性程度主要依赖于家庭抵御风险的机制③，家庭拥有的资产和获得这些资产的机会是衡量一个家庭为应对风险冲击的脆弱性的重要方面，脆弱性高的家庭往往因为缺乏足够有效的资产来抵御风险冲击，因而在面对灾害时会显得束手无策而致使灾后生活质量急剧下降陷入贫困，并且难以恢复到受灾前的水平，导致长期的可持续发展无法实现。因此，农户家庭所拥有的资产情况在一定程度上决定了其未来发展和陷入贫困的概率。针对农户所拥有的资产，英国国际发展署开发了可持续农户生计框架（SL），并将其分为五种类型，即自然资产、物

---

① 同第四章第一节调研数据。
② Strassoldo R., Pelanda C., "4 Years After a Catastrophe-the Psycho-sociological Consequences-some Results of a Research on Friuli after the Earthquake", *Quaderni Di Sociologic*, No.3（1981）.
③ 黄承伟、王小林、徐丽萍:《贫困脆弱性：概念框架和测量方法》，《农业技术经济》2010年第8期。

质资产、金融资产、人力资产和社会资产，可持续农户生计框架用来描述不同农户在市场冲击、政策变化冲击及自然因素外力冲击等造成的风险性环境中，如何利用自己持有的五类资产制定生计战略来抵御风险、优化资源效率以降低脆弱性和提高生活水平[1]。基于前人的研究成果，在可持续农户生计框架内分析了调研区域内农户的家庭的脆弱性，认为家庭脆弱性取决于家庭的灾害恢复能力，恢复能力不仅包括家庭抵御风险的能力，更强调在经历灾害后回到抑或超过原先状态的能力，并由家庭所拥有的五种资产状况来衡量，这些资产构成了农户抵御风险的屏障。值得一提的是，在反映各类资产的信息全面性和相应指标的精炼性二者间，在反映各类资产信息的准确性和相应数据的可获得性之间，都需要进行反复的权衡、比较以及取舍，该过程是一个"妥协"的过程，因此，最终形成的指标体系是一个折中的结果，由于各指标之间具有量级差异，本章采用了一定的方法使指标值最终落在 0 与 1 之间。

（一）自然资产指标的测量

农户的自然资产主要是指农户实际所拥有的土地，土地是农户赖以生存的基础，也是维持其生计的重要投入要素，我们以家庭实际拥有的可耕土地数量的一个子指标来衡量，并采用标准化[2]处理。

（二）物质资产指标的衡量

物质资产包括农户的住房状况、用于耕种的机械等生产设备以及家用的摩托车、空调、电冰箱等生活设备的数量，农户不仅可以利用丰裕的物质资产提高家庭的劳动生产率和生活质量，而且还可以将其出租带来额外的收入。物质资产下设住房状况和实物资产价

---

[1] 杨云彦、赵锋：《可持续生计分析框架下农户生计资本的调查与分析——以南水北调（中线）工程库区为例》，《农业经济问题》2009 年第 3 期。
[2] 标准化方法采用"规范化方法"。

值两个子指标，住房状况根据农户的回答将"好"设置为1，"一般"设置为0.5，"差"设置为0，实物资产价值则以农户对问卷中涉及的除住房以外的物质资产的估价为依据，依实际情况采用分等级赋值的方法。具体如下：价值在"0—2000"设置为0.1，"2001—4000"设置为0.2，"4001—6000"设置为0.3，"6001—8000"设置为0.4，"8001—10000"设置为0.5，"10001—12000"设置为0.6，"12001—14000"设置为0.7，"14001—16000"设置为0.8，"16001—18000"设置为0.9，18000以上设置为1。

（三）金融资产指标的衡量

金融资产是指农户所拥有的流动性比较强或用于未来突发事件的发生以及用于保值增殖的资产，反映了农户家庭的殷实程度。金融资产的衡量采用了四个子指标，第一个指标是家庭人均收入，并以2012年的中国农村人口贫困线年人均收入2300元为标准根据农户情况分等级赋值，将"0—2300"设置为0，"2301—4600"设置为0.2，"4601—6900"设置为0.4，"6901—9200"设置为0.6，"9201—11500"设置为0.8，11500以上设置为1。第二个指标是非农收入占总收入比例，其中非农收入包括农户临时雇用收入、正式雇用收入、分红收入和国家补贴收入。第三个指标是家庭是否拥有存款，根据农户的回答，将"是"赋值为1，"否"赋值为0。第四个指标是家庭任一成员是否买有保险，"是"设置为1，"否"设置为0。

（四）人力资产指标的衡量

人力资产是农户驾驭和支配其他资产的基础，决定着农户抗拒干扰、遭受冲击后的复原能力，对人力资产的投资能有效降低农户的脆弱性。人力资产的测量设定了三个子指标，其一为以年龄为主要区分界限的家庭劳动力情况，本章中将"0—18"岁的未成年人和70岁以上的老年人以及不能从事劳动的残疾人的劳动能力赋值为0，将处于"19—55"岁的能从事全部劳动的成年人的劳动能力赋值为1，而处于"56—70"岁的老年人则因劳动能力受到一定限制赋值为0.5；其二为以农户所受教育水平为标准，将"文盲"设置为0，"小学"设置为0.25，"初中"设置为0.5，"中专"及"高中"设置为0.75，"大专"及"本科或以上"设置为1；其三为农户是否具有灾害突发经验，"是"赋值为1，"否"赋值为0。

（五）社会资产指标的衡量

社会资产是指农户在日常活动中基于血缘关系、地缘关系或行政隶属关系而形成的社会关系网络，如家庭亲戚关系网、邻里关系网、行政组织关系网等。徐伟等研究发现农户家庭的社会网络不仅能够直接降低贫困脆弱性[1]，而且还能够通过抵消家庭成员所承受的负向冲击的影响而间接地降低贫困脆弱性。社会资产以政治面貌、兄弟姐妹数量和人情支出三个子指标来衡量，政治面貌中将"党员"赋值为1，"共青团员"赋值为0.5，"群众"赋值为0；兄弟姐妹数量采取标准化处理；人情支出依据农户实际情况分等级赋值，将"0—1000"设置为0.1，"1001—2000"设置为0.2，"2001—3000"设置为0.3，"3001—4000"设置为0.4，"4001—5000"设置为0.5，"5001—6000"设置为0.6，"6001—7000"设置为0.7，"7001—8000"设置为0.8，8000以上设置为1。各资产指标的设置如表5—1所示，家庭资产的充裕性和多样性与家庭脆弱性呈反向变动关系。

---

[1] 徐伟、章元、万广华：《社会网络与贫困脆弱性——基于中国农村数据的实证分析》，《学海》2011年第4期。

表 5—1　　　　　　　　家庭脆弱性评价指标体系

家庭脆弱性	自然资产	家庭实际拥有田产
	物质资产	住房状况
		实物资产价值
	金融资产	家庭人均收入
		非农收入占比
		是否拥有存款
		家庭任一成员是否买有保险
	人力资产	劳动力状况
		主要成员文化程度
		灾害突发经验
	社会资产	政治面貌
		兄弟姐妹数量
		人情支出

二　熵值法确定指标权重

熵值法是一种根据各指标所含信息有序程度来确定权重的一种方法，所求得的指标权重代表了该指标在指标体系中变化的相对速率，指标的相对水平则由样本标准化后的接近度表述，最终评价值由两者相乘得到[①]。熵值法利用指标本身所载的信息量确定权重，可以消除人为主观因素的影响，使评价结果更为客观，具体步骤如下：

计算第 i 个样本第 j 个指标值的比重：

---

① 张永凯：《熵值法在干旱区资源型城市可持续发展评价中的应用》，《资源与产业》2006年第 5 期。赵丽、朱永明、付梅臣等：《主成分分析法和熵值法在农村居民点集约利用评价中的比较》，《农业工程学报》2012 年第 7 期。

$$X_{ij} = x_{ij} / \sum_{i=1}^{m} x_{ij} \tag{1}$$

计算指标信息熵：

$$e_j = -\frac{1}{ln\ m} \sum_{i=1}^{m} X_{xj} \times ln\ X_{ij} \tag{2}$$

信息冗余度：

$$d_j = 1 - e_j \tag{3}$$

指标权重计算：

$$W_j = d_j / \sum_{i=1}^{n} d_j \tag{4}$$

其中，m 为样本个数，n 为评价指标数。

根据以上框架，分别计算灾害发生频率高和发生频率低的家庭所拥有的自然资产、物质资产、金融资产、人力资产和社会资产，以及二者的灾害恢复能力，并分析家庭最终的脆弱性。

第三节 农户家庭脆弱性结果分析

一 农户家庭脆弱性结果分析

根据计算结果，我们发现不同灾害发生频率的家庭所拥有的资产状况差异主要体现在除自然资产外的其他四种资产上。两类家庭自然资产得分均值显著低于其他资产，表明农户可耕地面积较少，难以实现土地的规模化效应，并且农户对土地的利用也比较单一，很少实现农作物多样化的经营，而地理位置的因素则加剧了农户灾害风险的暴露度，从而使自然资产表现出极大的脆弱性。灾害发生频率低的家庭的物质资产、人力资产和社会资产的平均值均高于灾害发生频率高的家庭，金融资产则相反，表明灾害发生频率高的家庭更倾向于通过从事非农化工作、增加银行存款、购买保险等方式提高金融资产的比例来预防未来的风险,频发的自然灾害阻碍了家庭对物质资产、人力资产和社会资产的投资和积累,五种资产的共同作用导致家庭脆弱性的均值并无明显区别。

为了对家庭的脆弱性作进一步分析,本章继续运用 SPSS 20.0 中的 K-means 方法进行样本聚类,该方法以空间中 k 个点为中心进行聚类,对最靠近它们的对象进行归类,通过迭代的方法使同一聚类中的对象相似度较高,而不同聚类中的对象相似度较低,据此将农户家庭的资产状况和脆弱性分为好、中、坏三类。聚类分析均通过了方差检验,F 值极显著,结果显示,灾害发生频率低的家庭的人力资产和社会资产状况好的比例要高于灾害发生频率高的家庭,而坏的比例则要低,自然资产、物质资产和金融资产则相反,在一定程度上也印证了均值所反映的情况。高灾害发生率家庭的脆弱性界于两端的比例均高于低发生率的家庭,意味着脆弱性在高灾害发生率家庭内部的分化程度更大,而低发生率的家庭的脆弱性更集中于中等水平(见表5—2)。

表 5—2　　　　　　　　不同灾害发生频率家庭的资产状况

家庭灾害发生率 资产状况	自然资产 低	自然资产 高	物质资产 低	物质资产 高	金融资产 低	金融资产 高	人力资产 低	人力资产 高	社会资产 低	社会资产 高	家庭脆弱性 低	家庭脆弱性 高
平均值(%)	0.797	0.936	6.238	4.743	10.430	11.130	9.332	8.553	6.238	4.743	5.557	5.558
坏(%)	67	61.5	25.3	19.3	68.6	65.8	49.5	54.8	88.7	93.4	20.1	22.9
中(%)	32	33.9	42.8	45.5	19.6	18.3	16	13	1	0.3	46.4	40.9
好(%)	1	4.7	32	35.2	11.9	15.9	34.5	32.2	10.3	6.3	33.5	36.2

二　相关政策建议

本章以宜昌市长阳县鸭子口乡和宜昌市秭归县郭家坝镇为调研区域,通过农户问卷调查和个案访谈,基于可持续分析框架结合定量与定性的方法研究了灾害多发地区家庭的脆弱性,并将脆弱性在灾害发生率高的家庭与灾害发生率低的家庭间进行了比较分析，探讨了二者的差异所在，主要结论有：第一，大部分样本家庭脆弱性处于中高水平。其原因在于家庭的灾害恢复能力较低，其表现为自然资产、物质资产、金融资产、社会资产及人力资产五类资产的缺乏，具体来讲，家庭拥有的土地资源有限，存款少，人均收入水平低，社会资源稀缺，受教育水平低。值得一提的是，相对其他资产，大部分家庭拥有比较丰富的实物资产，说明农户更倾向于将收入用于房子的建造和装修，以及生活固定资产的购买，而非投资金融资产，正印证了农村家庭扎根于土地、创造殷实家产的传统思想；第二，两类家庭自然资产的存量均处于低水平且无明显差异，灾害发生率低的家庭的物质资产、人力资产和社会资产得分均值高于发生率高的家庭，而金融资产则与之相反。原因是灾害在一定程度上阻碍了家庭对物质资产、人力资产和社会资产的投资和积累，而更倾向于利用金融资产来抵御风险；第三，聚类分析结果显示脆弱性在灾害发生率高的家庭内部的分化程度更大，两端分布的比例均要高于发生率低的家庭，后者的脆弱性更集中于中等水平。

目前自然灾害的发生还无法控制，因此对处于灾害多发地区的农户而言，降低家庭脆弱性主要依赖于加强风险抵御机制，提高灾后恢复能力。依据本章的研究结论，并结合调研中反映的实际情况，就降低农户脆弱性提出以下政策建议：（1）加强灾前预防和灾后补救措施，定期组织农户进行相关的宣传和培训，模拟灾害的发生，并在灾害发生后及时补给相应的必需品和安置费，尽可能地减少损失。（2）着眼于人力资本的投资，人力资本的数量和质量决定着农户对其他资产的利用，是降低脆弱性的首要因素。大力推进农村职业教育和职业培训，提高农户主要劳动力和潜在劳动力的生产技术水平和就业技能,增强农户家庭的风险处理能力和抵御能力[①]。
(3) 破解农户资金瓶颈,发展非农产业。针对区域的资源等实际情况,创建平台提供渠道使农户获取生计信息,并能根据自身情况选择适合自己发展的生计方式,发展农村小额信贷,让有想法、有能力的农户不因资金的缺乏而发展受限。

构建农户家庭脆弱性指标体系和评价模型对减贫意义重大,本章分析了灾害多发地区农户家庭脆弱性情况,但这仅仅是一个尝试性的结果,存在很多的不足,例如尽管指标体系的构建与具体指标的选取结合了多位学者的研究和实际情况,但仍需要更多的研究和探索以期与实践相符。

---

① 杨云彦、赵锋:《可持续生计分析框架下农户生计资本的调查与分析——以南水北调(中线)工程库区为例》,《农业经济问题》2009年第3期。

第六章

地质灾害与区域脆弱性

前文第三章到第五章主要以地质灾害多发地区的农户为研究对象，从微观层面考察区域内人口迁移对其经济发展状况的影响、灾害内农户的贫困成因、农户的生计资本及其家庭脆弱性等问题，主要目的是从农户的角度考察其对地质灾害等外力冲击的响应。

但从政府宏观调控的角度出发，要在整个区域内对地质灾害进行有效的响应与应对，仅考察农户状况显然是不够的。我们还有必要了解区域内不同地区之间地质灾害水平、社会经济发展水平、公共政策水平等的差异性，从而对政府从宏观角度对灾害的响应提供决策依据。

Cutter等人界定的区域脆弱性概念及研究范式为实现上述目的提供了理论支持，更为重要的是其提供了一套行之有效且经过实践检验的研究方法。本章在简述自然灾害的社会脆弱性、区域脆弱性模型及我国的地质灾害社会脆弱性研究的基础上，通过对研究数据的搜集整理，借助地理信息系统技术对宜昌地区地质灾害引发的区域脆弱性进行了系统分析，主要包括人口与地质灾害分布特征、地质灾害暴露水平、地质灾害社会脆弱性分析和灾害风险与灾害区划对比分析等。通过上述研究，从区域脆弱性角度，为灾害响应、人口迁移决策等提供政策建议。

第一节 自然灾害的区域脆弱性

一 自然灾害的社会脆弱性

自然灾害的社会脆弱性问题自20世纪70年代被提出以后，来自地理学、社会学、灾害学乃至经济学的学者对自然灾害的社会脆弱性问题展开了持续的理论探索与广泛的案例研究，并建立了一些受到学界较普遍认可的定量研究方法[1]。从自然灾害社会脆弱性研究的历史来看，先后出现了四种为自然灾害研究领域广为熟悉的概念模型，分别是Gilbert F. White 等[2]较早提出的"风险—灾害"模型（Risk-Hazard model），Blaikie和Wisner等[3]提出的"压力—释放"模型（Pressure and Release model），Cutter[4]提出的"区域灾

---

[1] Adger W. N., "Vulnerability", *Global Environmental Change*, vol. 16, no. 3 (2006), pp. 268 – 281.

[2] White, G. F. and J. E. Haas, *Assessment of Research on Natural Hazards*. Cambridge, MA: MIT Press, 1975.

[3] Blaikie P. T. Cannon, I. Davis and B. Wisner, *At Risk: Natural Hazards, People's Vulnerability, and Disasters*. London: Routledge, 1994; Wisner Ben, Blaikie Piers, Cannon Terry, Davis Ian, *At Risk: Natural Hazards, People's Vulnerability and Disasters*, seconded. New York: Routledge, 2004.

[4] Cutter S. L., "Vulnerability to environmental hazards", *Progress in Human Geography*, vol. 20 (1996), pp. 529 – 539; Cutter S. L., Finch C., "Temporal and spatial changes in social vulnerability to natural hazards", *PNAS*, 2008, 105 (7): 2301 – 2306.

害"模型（Hazard-of-Place model, HOP Model），Turne 等[①]提出的基于可持续发展理论框架的"脆弱"模型（Vulnerability/Sustainability framework）。由于研究对象、视角等的差异，上述四种模型分别是根据各自对脆弱性概念的不同理解而建立的，因此不同模型在适用的领域、研究的对象、研究的尺度乃至具体的研究方法上都呈现出很大的差异。比较而言，基于社会地理学视角的 HOP 模型由于更加注重社会脆弱性的地理空间差异与时间演进，其开发了一套可资操作与横向比较的社会脆弱性分析方法，加之模型自创建以来，对其理论探讨与完善就从来没有停止过[②]，这使得该模型[③]在具体的灾害社会脆弱性研究与实践中获得了较广泛的应用，并取得了极大的成功。

二 区域脆弱性模型

HOP 模型最大的贡献在于其对社会脆弱性的测量。Cutter 等[④]依据全美 3141 个县的社会经济与人口数据，在对最初选取的 250 多个变量进行多重共线性检验的基础上，最终提取了 42 个独立变

[①] Turner II, B. L. Kasperson, Roger E., Matson, Pamela., McCarthy, James J., Corell Robert W, Christensen, Lindsey, Eckley, Noelle, Kasperson, Jeanne X., Luers Amy, Martello, Marybeth L, Polsky, Colin, Pulsipher, Alexander, Schiller, Andrew, "Framework for vulnerability analysis in sustainability science", In: Proceedings of the National Academy of Sciences of the United States of America, vol. 100 (2003), pp. 8074 – 8079.

[②] Cutter S. L., Finch C, "Temporal and spatial changes in social vulnerability to natural hazards", *PNAS*, vol. 105, no. 7 (2008), pp. 2301 – 2306; Wood N. J., Burton C. G., Cutter S. L., "Community variations in social vulnerability to Cascadia-related tsunamis in the U. S., Pacific Northwest," *Nat Hazards*, 2010, no. 52, pp. 369 – 389.

[③] 准确地说，应该是基于该模型所提出的社会脆弱性分析方法，由于涉及的概念性问题较多以及理论解释的复杂，笔者将另行纂文叙述。

[④] Cutter S. L., B. J. Boruff and W. L. Shirley, "Social vulnerability to environmental hazards", *Social Science Quarterly*, vol. 84, no. 1 (2003), pp. 242 – 261.

量反映社会脆弱性，从而建立了一套较为完善的自然灾害社会脆弱性指标体系，然后在因子分析的基础上得到了一个反映社会脆弱性的综合指数——社会脆弱性指数 SOVI（Social Vulnerability Index），并通过敏感性（sensitivity analysis）分析证明这一指数不仅适用于国家、省以及市县级等不同尺度的社会脆弱性分析，而且可以移植到不同的区域应用[1]。

HOP 模型首先在美国[2]及其他发达国家[3]获得了较广泛的应用，其后在其他一些自然灾害较多的国家和地区逐步得到推广[4]。研究

---

[1] Schmidtlein M. C., Deutsch R. C., Piegorsch W. W., Cutter S. L., "A sensitivity analysis of the social vulnerability index", *Risk Anal*, vol. 28, no. 4 (2008), pp. 1099 – 1114.

[2] Borden K. A., Schmidtlein M. C., Emrich C. T., Piegorsch W. W., Cutter S. L., "Vulnerability of U. S., cities to environmental hazards", *Journal of Homeland Security and Emergency Management*, vol. 4, no. 2 (2007), pp. 1 – 21; Burton C., Cutter S. L., "Levee failures and social vulnerability in the Sacramento-San Joaquin Delta area, California", *Natural Hazards Review*, vol. 9, no. 3 (2008), pp. 136 – 149; Cutter S. L., Finch C., "Temporal and spatial changes in social vulnerability to natural hazards", *PNAS*, 105 (7), 2008, pp. 2301 – 2306; Wood N. J., Burton C. G., Cutter S. L., "Community variations in social vulnerability to Cascadia-related tsunamis in the U. S., Pacific Northwest", *Nat Hazards*, 2010, pp. 369 – 389.

[3] Boruff B. J., Cutter S. L., "The environmental vulnerability of Caribbean island nations," *Geographical Review* 97. 1 (2007): 24 – 45.; Oliveira Mendes J. M., "Social vulnerability indexes as planning tools: beyond the preparedness para-digm", *Journal of Risk Research* 12. 1 (2009): 43 – 58.

[4] Montz, B. E., "The hazardousness of place: Risk from multiple natural hazards". *Papers and Proc. of the Applied Geography Conferences*, 2000, pp. 331 – 339; O'Brien, K., R. Leichenko, V. Kelkar, H. Venema, G. Aandahl, H. Tompkins, A. Javed, S. Bhadwal, S. Barg, L. Nygaard, and J. West, "Mapping vulnerability to multiple stressors: Climate change and globalization in India". *Global Environmental Change*, vol. 14, no. 4, (2004), pp. 303 – 313; Kumpulainen, S, "Vulnerability concepts in hazard and risk assessment", in P. Schmidt-Thomé (Ed.), Natural and Technological Hazards and Risks Affecting the Spatial Development of European Regions, 2006; Helsinki: Geological Survey of Finland Special Paper 42. Available online at http: //arkisto. gtk. fi/sp/SP42/4_ vulnera. pdf; Esfandiar Zebardast, "Constructing a social vulnerability index to earthquake hazards using a hybrid factor analysis and analytic network process (F' ANP) model", *Nat Hazards*, vol. 65 (2013), pp. 1331 – 1359.

的尺度包括国家级[①]、县市级[②]、城市级[③]等。由于该模型经历了 2004 年美国卡特丽娜飓风检验，目前美国 California、Colorado 和 South Carolina 三个州已全面采用 HOP 模型对州所属范围的各种自然灾害暴露、社会脆弱性以及区域灾害风险进行评估并制定相应的减灾措施[④]。

三 我国的灾害社会脆弱性研究

国内自然灾害社会脆弱性问题研究迄今不到 20 年时间，且多来自地理学、生态学与灾害学等领域[⑤]，国内社会学、公共管理学

[①] Esfandiar Zebardast, "Constructing a social vulnerability index to earthquake hazards using a hybrid factor analysis and analytic network process (F' ANP) model", *Nat Hazards*, vol. 65 (2013), pp. 1331 – 1359; Cutter S. L., B. J. Boruff and W. L. Shirley, "Social vulnerability to environmental hazards". *Social Science Quarterly*, 2003, 84 (1), pp. 242 – 261.

[②] Cutter S. L., J. T. Mitchell and M. S. Scott, "Revealing the vulnerability of people and places: a case study of Georgetown County, South Carolina". *Annals of the Association of American Geographers*, vol. 90, no. 4 (2000), pp. 713 – 737; Clark, G. E., S. C. Moser, S. J. Ratick, K. Dow, W. B. Meyer, S. Emani, W. Jin, J. X. Kasperson, R. E. Kasperson, and H E. Schwartz "Assessing the vulnerability of coastal communities to extreme storms: the case of Revere, MA, USA". *Mitigation and Adaptation Strategies for Global Change*, vol. 3, no. 1 (1998), pp. 59 – 8; Wu S. Y., B. Yarnal and A. Fisher, "Vulnerability of coastal communities to sea-level rise: A case study of Cape May County, New Jersey." *Climate Research*, vol. 22 (2002), pp. 255 – 270; Azar D. and D. Rain, "Identifying population vulnerable to hydrological hazards in San Juan, Puerto Rico". *GeoJournal*, 2007, pp. 23 – 43.

[③] Rashed, T., J. Weeks, H. Couclelis, and M. Herold, "An integrative GIS and remote sensing model for place-based urban vulnerability analysis"; In V. Mesev (Ed.), Integration of GIS and Remote Sensing. John Wiley and Sons, Ltd., 2007, pp. 199 – 224.

[④] Cutter S. L., Emrich C. T., Webb J. J., Morath D., "Social vulnerability to climate variability hazards: a review of the literature". *Final report to Oxfam America*, 2009. http://adapt. oxfamamerica. org/resources/Li terature_ Review. pdf.

[⑤] 姜彤、许朋柱:《自然灾害研究的新趋势——社会易损性分析》,《灾害学》1996 年第 2 期;商彦蕊:《自然灾害综合研究的新进展——脆弱性研究》,《地域研究与开发》2000 年第 2 期;史培军、王静爱、陈婧等:《当代地理学之人地相互作用研究的趋向——全球变化人类行为计划》(第六届开放会议透视),《地理学报》2006 年第 2 期;郭跃:《灾害易损性研究的回顾与展望》,《灾害学》2005 年第 4 期。

等领域最近才开始涉足该领域的研究[①]。从研究文献来看，早期多以概念辨析与理论介绍为主，后逐渐涉及一定的理论分析[②]、模型探索[③]与指标体系的分析[④]。在具体的案例研究中，国内的社会脆弱性研究采用的主流方法仍然是指标体系评价方法，很多研究直接采用或借鉴了 HOP 模型的思路与社会脆弱性分析方法[⑤]，对具体区域的防灾减灾问题具有一定的指导意义。但是在研究中也暴露了一定的问题，如部分研究在指标选取方面或受数据方面的限制，存在指标过少而不足以反映社会脆弱性的问题[⑥]；又如在社会脆弱性分析中，人为将与社会脆弱相关的人口、经济、社会[⑦]等进行分类处理并分别分析[⑧]，这一做法笔者认为背离了社会脆弱性的本义，还有部分研究将自然灾害作为社会脆弱性的内生变量统一考虑，明显

---

① 周利敏：《社会脆弱性：灾害社会学研究的新范式》，《南京师大学报》（社会科学版）2012 年第 4 期；唐玲、刘怡君：《自然灾害社会易损性评价指标体系与空间格局分析》，《电子科技大学学报》（社会科学版）2012 年第 3 期。

② Hongjian Zhou, Jing'ai Wang, Jinhong Wan, Huicong Jia, "Resilience to natural hazards: a geographic perspective", *Nat Hazards*, vol. 53 (2010), pp. 21 – 41；郭跃：《自然灾害的社会易损性及其影响因素研究》，《灾害学》2010 年第 1 期。

③ 葛怡、刘婧、史培军：《家户水灾社会脆弱性的评估方法研究——以长沙地区为例》，《自然灾害学报》2006 年第 6 期。

④ 郭跃、朱芳、赵卫权等：《自然灾害社会易损性评价指标体系框架的构建》，《灾害学》2010 年第 4 期。

⑤ 陈磊、徐伟、周忻等：《自然灾害社会脆弱性评估研究——以上海市为例》，《灾害学》2012 年第 1 期；赵卫权、郭跃：《基于主成分分析法和 GIS 技术的重庆市自然灾害社会易损性分析》，《水土保持研究》2007 年第 6 期；文彦君：《陕西省自然灾害的社会易损性分析》，《灾害学》2012 年第 2 期。

⑥ 马定国、刘影、陈洁等：《鄱阳湖区洪灾风险与农户脆弱性分析》，《地理学报》2007 年第 3 期。

⑦ 这里的社会是相对于广义的人类社会而言的狭义的社会网络、社会结构、社会支持与管理等社会学范畴的社会。

⑧ 唐玲、刘怡君：《自然灾害社会易损性评价指标体系与空间格局分析》，《电子科技大学学报》（社会科学版）2012 年第 3 期。

有违社会脆弱性的内涵①。

从现有研究文献来看，我国目前的社会脆弱性案例研究大多为国家、省市及县区一级，而较少涉及乡镇一级②，很明显，对地质灾害这类具有显著地理空间差异的自然灾害，分析的空间尺度越小，越有利于灾害暴露的识别。另外，宜昌地区作为三峡坝区所在地之一，同时又是全国范围内地质灾害最为严重的区域，对该地区的地质灾害社会脆弱性进行深入研究具有很强的现实意义。因此，本章在介绍 HOP 模型及其基本方法的基础上，以湖北省宜昌地区为案例，依据该地区历史地质灾害统计数据、地质灾害综合调查数据、年鉴数据及第六次人口普查数据，以乡镇为基本单元对该地区的地质灾害暴露、区域内人口分布特征、区域社会脆弱性空间差异及综合灾害风险进行分析，为该地区综合防灾减灾提供相应的指导与建议。

第二节 研究区域与研究方法

一 研究数据资料

本章所涉及的资料数据主要包括：（1）是 1989—2011 年《宜昌年鉴》地质灾害统计数据；（2）是 1996—2011 年《宜昌统计年鉴》全市乡镇（办事处）重要经济指标数据；（3）是宜昌市国土

---

① 胡焕校、张立明：《三峡库区地质灾害易损性模糊综合评价》，《地质灾害与环境保护》2008 年 6 月；唐玲、刘怡君：《自然灾害社会易损性评价指标体系与空间格局分析》，《电子科技大学学报》（社会科学版）2012 年第 3 期；Yong Shi, "Population vulnerability assessment based on scenario simulation of rainstorm-induced waterlogging: a case study of Xuhui District, Shanghai City", *Nat Hazards*, 2013, pp. 1189–1203.

② Yong Shi, "Population vulnerability assessment based on scenario simulation of rainstorm-induced waterlogging: a case study of Xuhui District, Shanghai City", *Nat Hazards*, 2013, pp. 1189–1203.

资源局提供的行政区规划数据与《地质灾害防治规划》（2010—2020）地质灾害统计数据与规划数据；（4）是宜昌市卫生与计划生育委员会（原宜昌市人口与计划生育委员会）提供的宜昌市第六次全国人口普查快速汇总数据。

二 研究方法

（一）灾害暴露分析方法

对于灾害暴露，cutter 强调，由于没有可资利用的灾害生命威胁与财产损失数据，她在分析灾害暴露（物理脆弱）时，对于不同的灾害种类，均采用的是灾害发生频率数据[1]。对于地质灾害暴露，根据地质调查所获取的地质灾害受威胁人口与受威胁财产数据反映灾害暴露水平显然更为准确[2]。因此，本章在分析灾害暴露时，根据各乡镇地质灾害统计资料，按照 cutter 处理灾害暴露的方法，综合考虑受威胁人口数量与受威胁财产值以反映区域的地质灾害暴露水平，具体做法如下：（1）将受威胁人口数量最多的乡镇的人口暴露水平赋值为1，其他乡镇受威胁人口与该乡镇受威胁人口的比值为该乡镇人口威胁暴露水平，则人口暴露水平取值在0—1；（2）各乡镇的资产暴露水平的计算与标准化方法与人口暴露水平的计算方法相同；（3）各乡镇综合暴露水平采用人口暴露水平与财产暴露水平的平均值进行衡量，并按照1所述的方法进行0—1的标准化处理；（4）最后按照等间距分段的方法进行综合暴露水平的分类。

（二）社会脆弱性指标提取

本章提取了2010年宜昌市97个乡镇（由于无明显行政界线，

---

[1] Cutter S. L., J. T. Mitchell and M. S. Scott, "Revealing the vulnerability of people and places: a case study of Georgetown County, South Carolina", *Annals of the Association of American Geographers*, vol. 90, no. 4 (2000), pp. 713–737.

[2] Mileti D., *Designing Future Disaster: A Assessment and Bolder Course for the Nation*, Washington: Joseph Henry Press, 1999.

其中猇亭区的三个办事处合并为一个单元处理；点军区点军街道办事处与点军区桥边镇合并为一个单元处理；最终分析样本区为94个）有关社会经济数据共24个指标，以上指标总体涵盖了SOVI所需的内容。其中，前19个指标的数据来源于2011年统计年鉴数据，后6个指标的数据来源于宜昌市第六次人口普查数据，其他指标数据来源于2011年宜昌市统计年鉴，具体指标均通过转换使得各乡镇具有可比性，如比重、人均、密度等。具体如表6—1所示。

表6—1　　　　　　　　变量名称与描述

指标	描述	与社会脆弱性的关系
TV	通有线电视的村（%）	－
Water	通自来水的村（%）	－
Highway	公路里程（公里/平方公里）	－
PopPF	家庭平均人口数（人）	＋
Migrant	外来人口比重（%）	＋
Employ	就业人口比重（%）	－
SerEmp	第三产业人口比重（%）	－
GovEmp	公务员比重（%）	－
FinanceInc	人均财政总收入（元/人）	－
SavPC	人均居民储蓄存款余额（元/人）	－
IncPC	居民人均纯收入（元）	－
Hospital	每10万人拥有医院数（个）	－
Medical	每10万人拥有医生数（人）	－
Sickbed	每10万人拥有病床数（个）	－
Welfare	每10万人拥有敬老院、福利院（个）	－
PensionIns	参加农村社会养老保险人口比重（%）①（%）	－
MinLiving	享受居民最低生活保障人口比重（%）	＋
PopDen	人口密度（人/平方公里）	＋
Female	女性人口比重（%）	＋
Child	0—14岁人口比重（%）	＋

① 该指标为参加农村社会养老保险人口除以农村总人口计算而得。

续表

指标	描述	与社会脆弱性的关系
Oldpeople	65岁及以上人口比重（%）	+
Illiterate	文盲人口比重（%）	+
RuralPop	农村人口比重（%）	+
AvrEdu	平均教育年限（年）	−

（三）社会脆弱性指数计算

在分析方法上，采用因子分析进行降维处理，应用 SPSS17.0 软件进行具体分析。通过 KMO 检验和 Bartlett 球形检验，结果均表明原始变量适合进行因子分析。其中，提取公因子采取的是主成分分析法，旋转法采用的是具有 Kaiser 标准化的四次最大正交旋转法。最终提取 7 个公因子，其累计贡献率旋转前后均为 71.1%。

因子分析除了具有降维外，还具有计算综合得分（SOVI）的功能。综合得分的计算方法为各因子得分乘以各自因子方差解释力权重而得，见公式6—1。

其中 Sj 为第 j 个乡镇社会脆弱性综合得分，j 的取值为 1—94。

通过 SPSS 的描述统计分析得到综合得分最小值为 −1.64，最大值为 0.67，均值为 0，标准化差为 0.42。

最后的社会脆弱性指数 SoVI 同样进行标准化处理，方法如下：

$$SOVI_j = \frac{S_j - S_{j\,max}}{S_{j\,max} - S_{j\,min}} \tag{1}$$

其中，SOVI 为社会脆弱性指数，S_{jmax} 为综合得分最大值，S_{jmin} 为综合得分最小值。

（四）区域综合脆弱性分析方法

各乡镇区域综合脆弱性（Vulnerability of place）的计算按照 HOP 模型及其推荐方法，直接将灾害暴露水平与社会脆弱性指数相乘后标准化处理①。HOP 模型这样计算区域综合脆弱性的理由在于：根据目前的研究进展，还没有足够的证据说明在灾害暴露水平与社会脆弱性两者之间，究竟哪个因素对区域最终的脆弱性更重要、更具决定作用？因此，Cutter 认为，将两者直接相乘是最为谨慎的做法。本章采用了这一做法，然后按照等距离分段的方法对区域脆弱性进行分类。

第三节 地质灾害多发地区的人口区域脆弱性

一 人口与地质灾害分布特征

从宜昌地区的人口分布密度图（图 6.1）来看，该区人口分布呈以下态势：一是人口密度地理分布极不均衡。人口密度小于 100 的乡镇 27 个，人口密度在 100—200 之间的乡镇 37 个，人口密度在 200—500 的乡镇 24 个，大于 500 的 6 个，人口密度最低的兴山县榛子乡人口密度仅为 32 人/平方公里，而人口密度最高的西陵区则高达 5690 人/平方公里，二者相差近 200 倍；二是人口分布与自然地理特征相关。宜昌地处云贵高原和渝东大山向江汉平原的过渡地带，地形复杂，高低相差悬殊，海拔从 2427—2435 米，从西至东地势逐渐降低，呈"七山二丘一平原"的总体地貌，因此，人口也集中分布在丘陵与平原地带，特别是枝江市与当阳市东南和宜都、远安沿长江、清江下游两岸一带；三是人口分布呈现出向各县市政府所在地聚集的态势。除兴山县与五峰县以外，其他各县市人口密度最高的区域均为政府所在地区，而且政府所在地周边的乡镇人口密度也一般较其

---

① Cutter S. L., J. T. Mitchell and M. S. Scott, "Revealing the vulnerability of people and places: a case study of Georgetown County, South Carolina", *Annals of the Association of American Geographers*, vol. 90, no. 4 (2000), pp. 713 – 737.

他偏远乡镇高,这一态势在东部丘陵平原地带尤为明显。

而从该区地质灾害易发程度分区图(图6—2)可以看出,地质灾害的区域分布特征具有以下特点:一是中、高易发区比重极大,分布范围广。在宜昌全境地质灾害高易发区6个,总面积达8503.72km², 中易发区5个,总面积8001.82km², 两者累计占全区总面积的78%,多处于山区及中低山区;二是地质灾害与人类工程活动密切相关。地质灾害主要沿三峡库区沿岸及其支流一带、清江沿岸一带、磷矿区、煤矿区等发育,这些地区水库建设与矿产开采等人类工程活动密集;三是地质灾害总体分布与人口分布呈相反趋势。在地质灾害较发育的山区与中低山区,人口密度一般较低,地质灾害低发与一般不易发的枝江、当阳等市,人口密度相对较高。

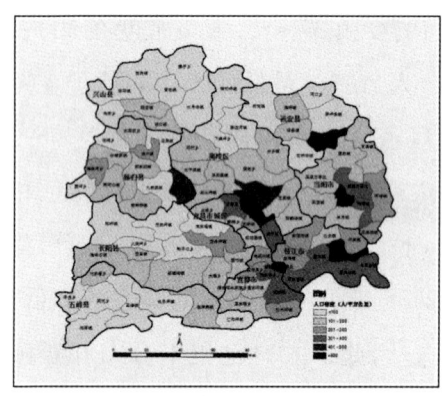

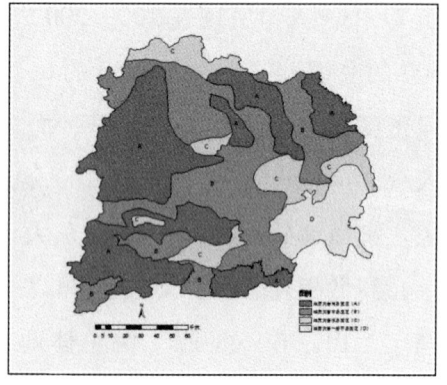

图6—1　宜昌地区人口密度分布图　　**图6—2　地质灾害易发程度分区图**

说明:各乡镇人口数量依据的是2010年《宜昌统计年鉴》提供的户籍人口数,其中西陵区和伍家岗区由于数据不全采用的是第六次全国人口普查的常住人口数据。通过对比六普常住人口和户籍人口我们发现,由于人口流动水平相对较低,二者在绝对值上相差一般较小。

总体而言,在宜昌范围内,人口分布与自然地理环境、地质灾害分布是协调的，人们一般居住在自然环境相对较好、地质灾害较少的地段，这与台风、海啸等自然灾害与人口分布特征是有明显区别的，在沿海地区，大多数人口往往分布在这类自然灾害的影响范围内。

二 地质灾害暴露水平分析

在人口暴露水平方面，由图6—3可见，虽然宜昌地区地质灾害众多，但大部分乡镇受地质灾害威胁的人口数量并不是太多，人口暴露水平高的乡镇（约16000—20000人）4个，人口暴露中高水平的乡镇3个（约12000—16000人），人口暴露中等水平的3个（约8000—12000人），中低水平5个（约4000—8000人），其他绝大多数乡镇都处于低暴露水平，即在4000人以下，从统计数据来看，50%的乡镇在1000人以下。从该图我们还可以看出，人口暴露水平具有以下特点：一是人口暴露水平相对较高的一般处于地质灾害发育区。结合图6—2可以发现，除枝江市的董市镇、七星台镇和白杨镇以外，其他人口暴露水平相对较高的乡镇集中在该区地质灾害发育水平较高的西北部地区；二是地质灾害发育程度与人口暴露水平并没有必然的相关性。该点可以从图6—2和图6—3的对比中看出来，在该区地质灾害发育水平较高的东北与西南地区，人口暴露水平均处于较低的水平，而在地质灾害发育水平低的东南部平原地区的局部乡镇，人口暴露水平却相当高，这一方面与人口密度的分布有关，而更多的与地质灾害本身发育的地理位置关系更为密切。

$$S_j = \sum_{i=1}^{7} \frac{因子i方差解释贡献率}{总方差贡献率} \times i 因子得分$$

在资产暴露水平方面，由图6—4可见，其与人口暴露水平具有一定的相关性。全区资产受地质灾害威胁最重的乡镇为兴山县古夫镇，达17.77亿元，其他资产暴露水平较高的乡镇，除五峰县湾

▶ 外力冲击、社会脆弱性与人口迁移

潭镇外，均分布在地质灾害发育水平较高的西北部地区，受威胁资产均达到 5 亿元以上，包括兴山县峡口镇 11.78 亿元、秭归县归州镇 6.28 亿元、五峰县湾潭镇 6.04 亿元、秭归县沙镇溪镇 5.91 亿元、秭归县茅坪镇 5.77 亿元。其他乡镇资产暴露水平均较低，均在 3 亿元以下。其中，东南部人口暴露水平较高的枝江市董市镇和七星台镇资产暴露水平却并不高，分别为 2.50 亿元和 1.50 亿元左右。

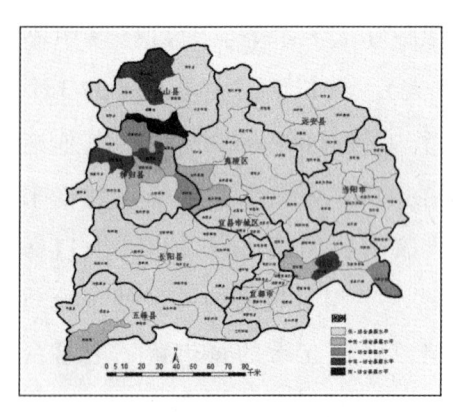

图 6—3　地质灾害人口暴露水平

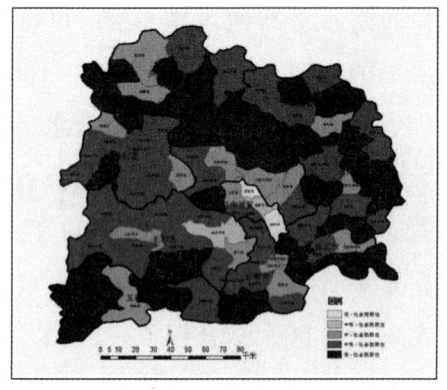

图 6—4　地质灾害资产暴露水平

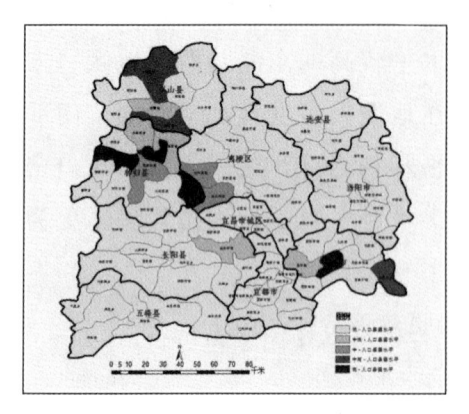

图 6—5　地质灾害综合暴露水平

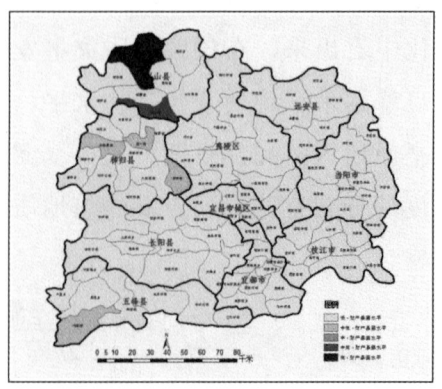

图 6—6　地质灾害社会脆弱性

在地质灾害综合暴露水平上，从图6—5可见，比较全面地反映了人口与资产暴露的总体水平。其中暴露水平最高的是人口与资产暴露水平均较高的兴山县峡口镇，综合暴露处在中高水平的共计4个乡镇，分别是兴山县古夫镇、秭归县归州镇和沙镇溪镇和枝江市董市镇。中等水平的3个，分别是秭归县水田坝乡、茅坪镇和枝江市七星台镇。中低水平6个，分别是秭归县屈原镇和郭家坝镇、夷陵区太平溪镇和三斗坪镇、五峰县湾潭镇和枝江市白杨镇。其他80个乡镇的综合暴露水平均较低。

三 地质灾害社会脆弱性分析

（一）社会脆弱性指标分解分析

从主成分分析法提取的七个主成分来看，可以将宜昌地区社会脆弱性的影响因素从以下几个维度加以归纳：

一是人口特征，包括人口结构特征与地理分布特征。第一主成分提取了包括平均教育年限，0—14岁人口比重、65岁及以上人口比重、女性人口比重、农村人口比重、外来人口比重、家庭平均人口数（根据家庭生命周期理论，一个家庭越大，其抚养比越大）等反映人口结构特征的绝大多数指标，同时还包括人口密度这一反映人口地理分布特征的指标，该主成分的方差解释贡献率达到21.7%，说明人口特征对社会脆弱性影响很大。

二是经济发展水平与医疗卫生水平。第三个与第四个主成分综合反映了这一情况。由分析结果来看，第三个公因子提取了居民人均纯收入、每10万人拥有医生数和每10万人拥有病床数这三个指标。第四个公因子提取了人均财政总收入、每10万人拥有医院数和每10万人拥有敬老院、福利院这三个指标。以上六个指标分别反映了区域的经济发展水平和医疗卫生水平。根据Cutter对已有文献的综述，经济水平越好，人们应对灾害风险以及从灾害风险中恢复的能力越强，社会脆弱性越低；而医疗卫生水平越高，其社会脆弱性越低。而医疗卫生高的地区其社会脆弱性自然也低。第三个、第四个主成分的方差解释贡献率分别为9.9%和8.7%，累计达到18.6%。

三是就业特征。第六个公因子提取了就业比重与公务员人口比重这两个指标，第七个公因子提取了第三产业人口比重指标。以上两个公因子的方差解释贡献率分别为7.6%和5.5%，累计达到13.1%。就业人口比重的大小反映了社会总体抵御自然灾害的能力，而第三产业人口比重和公务员人口比重则分别反映了社会对自然资源的依赖程度与面对自然灾害时总体协调能力的强弱。因此，这三个指标取值越大，社会脆弱性越低。

四是基础设施建设水平。第二个主成分包括通有线电视的村、通自来水的村和公路里程这三个反映基础设施情况的指标。该公因子的方差解释贡献率为9.9%。经过实地调研，居民特别是农村居民主要通过电视了解风险信息以及天气预报，因此，通有线电视的比重情况反映了该乡镇对灾害风险信息的感知情况，其值越高，其社会脆弱性越低；通自来水的比重，反映了该乡镇生活必需品的条件，显然其值越高，其社会脆弱性越低；公路为灾害发生时的逃生路线，以及政府等相关组织营救能否及时性的体现指标，其值越高，其社会脆弱性越低。

五是极端弱势群体。第五个公因子提取了文盲人口和享受最低生活保障人口等反映极端弱势群体比重的指标，该公因子的方差解释贡献率为7.8%。文盲人口与最低生活保障人口均是社会中处于最不利地位的群体，"穷人往往更脆弱"[①] 已几乎是所有领域研究社会脆弱性的共识，而文盲人口体现的正是与物质贫穷相对应的精

---

① 周利敏：《社会脆弱性：灾害社会学研究的新范式》，《南京师范大学学报》（社会科学版）2012年第4期。

神"贫穷",因此,文盲人口比重及享受最低生活保障人口比重越高,则其社会脆弱性越高。

(二)社会脆弱性的空间特征

图6—6反映的是地质灾害社会脆弱性空间特征。由图可见,社会脆弱性程度低的乡镇2个,分别是宜昌市城区的西陵区与猇亭区;社会脆弱性中低的乡镇2个,为长阳县龙舟坪镇和宜昌市城区伍家岗区;社会脆弱性中等的乡镇17个,社会脆弱性中高的乡镇38个,社会脆弱性高的乡镇35个。

由图6—6并结合上文对指标的分解分析,我们可以发现宜昌地区的社会脆弱性具有以下空间特征:一是社会脆弱性空间差异很大,且存在一定的空间极化现象。与脆弱性最低的宜昌城区的西陵区与猇亭区比较而言,绝大多数乡镇的整体社会发展水平相当滞后,导致比较而言均处于中高与高脆弱性水平;二是社会脆弱性与经济、社会人口发展整体水平高度相关。从各个县、自治县与区来看,各县区社会脆弱性最低的乡镇都是县政府所在地,如宜昌城区的西陵区、夷陵的小溪塔街道办、兴山的古夫镇、秭归县的茅坪镇、长阳的龙舟坪镇、五峰的五峰镇、宜都的陆城街道办、枝江的马家店街道办、当阳的玉阳街道办和远安的鸣凤镇等,无一例外的都是该县区社会脆弱性最低的乡镇或街道办,而这类乡镇往往是该县经济、社会与人口总体发展水平均较高的地区,因此其社会脆弱性更低;三是社会脆弱性与人口地理分布密度存在一定的联系。从统计数据比较来看,地处平原的枝江市、当阳市与宜都市的部分地区的经济、社会与人口发展总体水平较其他县市水平较高,但其社会脆弱性却没有明显优于其他发展水平相对滞后的县区,由此说明,人口密度过高或者人口高度集聚会增加社会脆弱性,这一观念也是很多地理学家的共识。

四 灾害风险与灾害区划对比分析

图6—7是区域脆弱性分级图,由图6—7可见,宜昌地区的区域脆弱性主要受灾害暴露水平控制,同时受到社会脆弱性的影响。对比图6—6和图6—7可以发现,区域脆弱性的空间特征与灾害暴露水平较为一致。所有处于低暴露水平的乡镇其区域脆弱性均处于最低水平,综合暴露水平最高的兴山县峡口镇其区域脆弱性也最高,其他综合暴露处于中间水平的乡镇其区域脆弱性也均处于中间水平。之所以出现这种情况,是由灾害本身的种类所决定的,地质灾害不同于洪水、海啸与干旱等呈面域发展的自然灾害,其在空间上具有点状分布的特点,因此在暴露水平上,各乡镇会出现很大的差异性,加之灾害暴露水平高的地区,其社会脆弱性相互之间差异较小,所以使得区域脆弱性最终由灾害暴露水平所控制。另外,我们也发现,社会脆弱性对最终的区域脆弱性具有一定的影响。综合暴露水平较高的兴山县古夫镇、秭归县归州镇、茅坪镇和枝江市董市镇,由于其社会脆弱性处于相对较低水平,因此与最后的区域脆弱性相比而言减弱。说明社会脆弱性如果较低,会对区域脆弱性产生积极影响。

图6.8规划的地质灾害防治分区图,对比图6—7和图6—8我们可以发现,从脆弱性视角出发考虑的地质灾害影响与主要从地质灾害发育角度考虑的地质灾害分区具有很大的差异性。地质灾害防治分区与图6—2所示的地质灾害发育水平更为接近,而区域脆弱性受暴露水平所控制,同时受社会脆弱性的影响。由此可见,地质灾害区域脆弱性分析更加注重灾害的社会性。灾害暴露水平(物理脆弱性)反映的是地质灾害可能的社会影响程度,社会脆弱性反映的是人类社会抵御自然灾害的能力,区域脆弱性水平总体反映一个区域自然灾害的社会经济特征。这不仅对于指导

实际的技术减灾具有重要意义，而且特别是从政策减灾的角度来讲意义重大，其有利于政府部门、社会组织从全局上把握一个地区自然灾害的社会经济特征，了解防灾减灾的重点区域，从而在防灾减灾政策制定、资金投向与人力资源配备等方面作出规划或调整，具有很明显的政策含义。

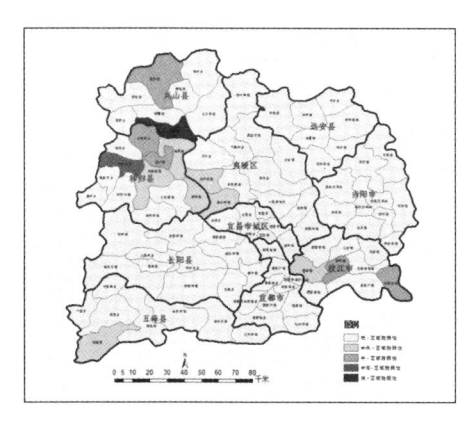

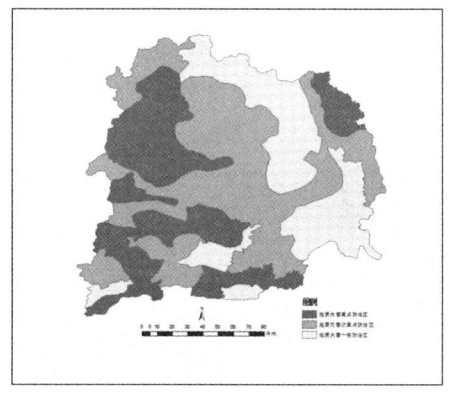

图 6—7　区域脆弱性等级图　　　　图 6—8　区域灾害防治分区图

五　主要结论

通过本章研究，可以得到以下主要结论及相关建议：

第一，与洪水、干旱等呈面域发展的自然灾害相比，地质灾害的区域脆弱性更多地受灾害暴露水平的制约，地质灾害防治的重点应该在于灾害风险源的识别、诊断与工程治理。

第二，地质灾害防治的重点区域不全是地质灾害发育水平较高的区域，同时还决定于灾害暴露水平。地质灾害发育水平最低的枝江市董市镇、七星台镇和白杨镇均说明了这一问题。

第三，降低社会脆弱性有助于增强社会抵御地质灾害风险的能力，从而降低区域脆弱性。

第四，从政策减灾的角度分析，政府与社会组织防灾减灾的对象应更加关注区域脆弱性更高的地区，并根据影响区域脆弱性的人口暴露水平、资产暴露水平与社会脆弱性程度这三者的影响程度大小来制定具有导向性、针对性的政策措施。

第五，从技术减灾的角度分析，应综合比较分析地质灾害工程防治、资产转移与人口迁移这三者的技术可行性与技术经济性。

第七章

结论与政策建议

第一节 主要结论

一 环境迁移理论研究

环境迁移是伴随着人类社会的发展过程而存在的迁移现象，环境在人口迁移中起决定性作用的历史史实颇多。随着时代的发展，全世界人口数量的不断增长以及人类开发自然的足迹不断深入，加之城市化的大规模推进以及科技发展带来的环境问题，致使完全由于环境变化导致的人口迁移现象日益普遍。关于环境移民的定义，本书较为认同国际移民组织提出的定义，即"由于不可抗拒的突发性或渐变性的环境因素，使得其生活或生存条件受到不利影响，从而被迫或自愿离开居住地的个人或群体"。

研究发现，迁移是作为抵消环境压力和冲击的有效策略，因此在当下的人口环境迁移研究中，环境变化往往和人口的脆弱性、贫困等问题综合起来考虑。就我国来看，专门针对人口环境迁移的研究起步较晚，人口迁移中的环境因素最早受到关注源于我国广泛存在的贫困问题，而贫困问题往往又和我国广泛存在的自然灾害频发现象是紧密联系在一起的。在全球性的气候变化、自然灾害加剧等背景下，加之环境所导致的迁移现象不断地扩大，人口环境迁移才逐渐为我国学界所重视，成为独立的需要专门研究的现象或问题。由于我国地理地质类型复杂多样，因自然灾害导致的人口环境迁移现象频繁发生，因此灾害移民作为一种特定形式的环境移民受到广泛关注。灾害导致的人口迁移是人类面临灾害风险的一种适应性对策，自然灾害不是必然意味着人口迁移，而是在灾害诱导下产生的一种人口被迫迁移。另外，由于环境移民和生态移民存在一定的交叉，加之我国突出地强调生态文明建设，因此国内研究并没有严格地加以区分使用。从现有研究来看，我国生态恶化地区也是贫困人口的集中地区，这一特殊现实也决定了我国的生态移民问题往往同脆弱性、贫困等问题捆绑在一起。环境移民研究不仅切合了当今生态文明建设的主题和发展方向，还成为本书研究外力冲击、社会脆弱性和人口迁移的切入点。

脆弱性开始于风险观念，出现在经济学、社会学、生态学、生理学、灾害学等多学科领域，而不同学科对于脆弱性有着不同的界定。脆弱性被用于自然灾害研究的历史久远，随着对自然灾害研究的进一步加深，学界开始关注与之相关的社会因素，使得关于自然灾害的脆弱性研究分支成为自然脆弱性和社会脆弱性两部分。其中，社会脆弱性重点关注社会经济系统对特定对象的影响，包括影响的原因、机制和影响程度的评估。通过总结国内外的研究成果发现，暴露在风险区域内的人群都表现出一定的脆弱性，但风险对社会的影响是不均衡的，由于人口自然属性和社会属性的不同，导致人群的应对能力不尽相同。换言之，社会脆弱性主要是围绕暴露度、敏感性、适应性在进行研究。因此本书认为，社会脆弱性是社会中先于自然灾害而存在的一种特性，影响灾前预防、受灾的程度和灾后的恢复能力，是社会不平等的产物，因此与贫困问题研究产生了密不可分的联系。

本书以社会脆弱性为研究重点，从社会脆弱性的要素、与人口的关系着手，介绍当前主流的社会脆弱性研究框架，从中归纳总结出社会脆弱性的评估方法和应用。本书将外力冲击和人口迁移通过脆弱性这一桥梁构建起直接联系，赋予了环境迁移新的研究视角和内涵。

二 地质灾害分布与防控调查研究

本书以湖北省宜昌地区为案例，运用 HOP 模型及其基本方法，依据该地区历史地质灾害统计数据、地质灾害综合调查数据、年鉴数据及第六次人口普查数据，以乡镇为基本单元对该地区的地质灾害暴露、区域内人口分布特征、区域社会脆弱性空间差异及综合灾害风险进行分析，得出以下结论。

（一）人口与地质灾害分布特征

1. 人口分布态势

宜昌地区的人口密度地理分布极不均衡，人口密度最高区与人口密度最低区二者的人口密度相差近 200 倍；人口分布与自然地理特征相关，宜昌地处云贵高原和渝东大山向江汉平原的过渡地带，地形复杂，高低相差悬殊，从西至东地势逐渐降低，呈"七山二丘一平原"的总体地貌，因此，人口也集中分布在丘陵与平原地带，特别是枝江市与当阳市东南和宜都、远安沿长江、清江下游两岸一带；人口分布呈现出向各县市政府所在地聚集的态势，大部分县市人口密度最高的区域均为政府所在地区，而且政府所在地周边的乡镇人口密度也一般较其他偏远乡镇为高，这一态势在东部丘陵平原地带尤为明显。

2. 地质灾害区域分布特征

宜昌地区中、高易发区比重极大，分布范围广；地质灾害与人类工程活动密切相关，地质灾害主要沿三峡库区沿岸及其支流一带、清江沿岸一带、磷矿区、煤矿区等发育，这些地区水库建设与矿产开采等人类工程活动密集；地质灾害总体分布与人口分布呈相反趋势，在地质灾害较发育的山区与中低山区，人口密度一般较低，地质灾害低发与一般不易发的枝江、当阳等市，人口密度相对较高。

总体而言，在宜昌范围内，人口分布与自然地理环境、地质灾害分布是协调的，人们一般居住在自然环境相对较好、地质灾害较少的地段。

（二）社会脆弱性的空间特征

调研结果显示，宜昌地区的社会脆弱性具有以下空间特征：

一是社会脆弱性空间差异很大，且存在一定的空间极化现象。与脆弱性最低的宜昌城区的西陵区与猇亭区比较而言，绝大多数乡镇的整体社会发展水平相当滞后，导致比较而言均处于中高与高脆弱性水平；二是社会脆弱性与经济、社会人口发展整体水平高度相关。从各个县、自治县与区来看，各县区社会脆弱性最低的乡镇都是县政府所在地，而这类乡镇往往是该县经济、社会与人口总体发展水平均较高的地区，因此其社会脆弱性更低；三是社会脆弱性与人口地理分布密度存在一定的联系。从统计数据比较来看，地处平原的枝江市、当阳市与宜都市的部分地区的经济、社会与人口发展总体水平较其他县市水平较高，但其社会脆弱性却没有明显优于其他发展水平相对滞后的县区，由此说明，人口密度过高或者人口高度集聚会增加社会脆弱性。

（三）防灾减灾措施

一是防灾减灾培训仍以政府为主体。高达99.2%农户接受来自政府提供的防灾减灾培训，与此相比，仅有0.8%的农户接受其他组织提供的防灾减灾培训，社会力量参与远远不够；二是培训的普及率还有待提高，目前仅75.9%的农户接受过培训，应急响应方面的培训的比例更低，为65.9%；调查数据显示，在灾害预警方面政府部门还有待进一步加强，目前仅有不到50%的农户能够得到有关灾害的及时预警，且对灾害预警工作的满意度不高；三是应急救援值得肯定。政府在灾害应急救援方面的工作相对较好，50%以上的政府部门能够对灾害进行及时的响应，80%以上的受灾农户能够得到必要的现场营救、医疗救助、开水供应等政府服务；四是防灾减灾效果比较一般，出现人身伤亡的较少，大多为财产损失。

三 人口的多重脆弱性研究

本书以宜昌市长阳县鸭子口乡和宜昌市秭归县郭家坝镇为调研区域，通过农户问卷调查和个案访谈，基于可持续分析框架结合定量与定性的方法研究了灾害多发地区家庭的脆弱性，并将脆弱性在灾害发生率高的家庭与灾害发生率低的家庭间进行了比较分析，探讨了二者的差异所在，总结得出了以下结论：

（一）地质灾害与家庭脆弱性

地质灾害的频繁发生，对当地农户的直接影响在于造成农户的生产和生活资本损耗，使得农户极易陷贫，脱贫农户也容易重新返贫。抗风险能力强的农户家庭则能较好避免因地质灾害而陷入贫困。家庭中的物质资本和存款都可以缓冲地质灾害对生产资料和生产环境的破坏，多元化的收入结构也可以削弱地质灾害对农户的经济状况的冲击。

地质灾害的频繁发生，对当地农户间接影响在于形成了一个较为封闭的区域环境，一方面使得该地区农户难以交流获得务工信息，导致收入来源单一，较为依赖农业收入，而农业收入又极易受到地质灾害影响而造成收入减少，使得农户容易陷入贫困；另一方面，在封闭的经济社会环境中，农户无法认识到人力资本的重要性，忽视家庭教育投入。从长期来看，较低的文化水平制约了农户家庭走向富裕，而陷入贫困和教育水平低下的恶性循环之中。

虽然地质灾害对农户的生产生活造成严重影响，使得他们极易陷入贫困之中。但如果居民足够重视，积极防备，并且保持和外界联系畅通，互相帮助的话，则可以极大地降低地质灾害对农户家庭所造成的冲击。

（二）家庭脆弱性的总体特征

大部分样本家庭脆弱性处于中高水平，导致家庭脆弱性高的原因主要来自家庭灾害恢复能力低，表现为自然资产、金融资产、社会资产和人力资产多种资产的缺乏。具体来讲，家庭拥有的土地资源有限，存款少，人均收入水平低，社会资源稀缺，受教育水平低。相对于其他资产，大部分家庭拥有比较丰富的实物资产，说明农户更倾向于将收入用于房子的建造和装修，以及生活所需固定资产的购买，而非投资金融资产，印证了农村家庭扎根于土地殷实家产的传统思想。其中，最为重要的是两类家庭自然资产得分均值显著低于其他资产，表明农户可耕地面积较少，难以实现土地的规模化效应，并且农户对土地的利用也比较单一，很少实现农作物多样化的经营，而地理位置的因素则加剧了农户灾害风险的暴露度，从而使自然资产表现出极大的脆弱性。

（三）两类家庭的比较

1. 物质资产、人力资产和社会资产的差异

灾害发生频率低的家庭的物质资产、人力资产和社会资产的平均值均高于灾害发生频率高的家庭。金融资产则相反，灾害发生率高的家庭金融资本中贵重便携物品价值远高于灾害发生率低的家庭，且统计意义明显，这就表明灾害发生频率高的家庭更倾向于通过从事非农化工作、增加银行存款、购买保险等方式提高金融资产的比例来预防未来的风险。由于金融资本相对于其他资本而言，在规避风险层面更具有灵活性，由此说明，地质灾害多发地区的家庭从各种类型的资本拥有量及比例上，已基本具备主动适应并应变灾

害的能力，但频发的自然灾害则造成了家庭对物质资产、人力资产和社会资产的投资和积累的阻碍。

进一步研究发现，灾害发生频率高的家庭的人力资产和社会资产状况好的比例要高于发生频率低的家庭，而坏的比例则低，自然资产、物质资产和金融资产则相反，在一定程度上也印证了均值所反映的情况。高灾害发生率家庭的脆弱性界于两端的比例均高于低发生率的家庭，意味着脆弱性在高灾害发生率家庭内部的分化程度更大，而低发生率的家庭的脆弱性更集中于中等水平。

2. 生计策略的差异

从收入与支出所反映的生计策略来看，两类家庭也存在一定的差别，具有统计意义差异的有农业纯收入、工资收入、经营性纯收入、政府转移支付收入和医疗卫生支出。灾害发生率高的家庭农业纯收入高于灾害发生率低的家庭，而临时务工收入、工资收入和经营性纯收入均低于灾害发生率低的家庭，表明大多数灾害发生率高的家庭主要收入来源于农业收入，而大多数灾害发生率低的家庭靠外出务工和自主经营来增加收入。这与预期的结果刚好相反，一种可能的解释是，受灾农户往往所处的地理区位更加偏僻，不易与外界广泛地联系，同时，由于灾害本身的影响，需要投入更多的人力用于灾后的恢复，进而妨碍了其进行其他的生产活动。灾害发生率高的家庭在政府转移支付收入与医疗卫生支出两个方面均高于灾害发生率低的家庭，反映出政府的减灾目标群体落实得比较到位，但相比于灾害支出而言仍显不足。加上灾害发生率低的家庭相比于灾害发生率高的家庭而言，其灾害感知能力相对缺乏，敏感性不足，将导致其应对未来的灾害风险表现更加脆弱。

四 人口迁移的政策研究

频繁发生的自然灾害对家庭发展产生了重大影响，其直接作用体现在两个方面：其一，通过毁坏农田或房屋造成家庭的直接经济损失；第二是地质灾害造成家庭成员受伤或致残，伤者的治疗不仅造成家庭经济的额外支出，同时劳动力损失也会对家庭的收入产生影响，且加重了家庭的抚养负担。为了减小自然灾害带来的损失，保障家庭的安全与生活，人口迁移是规避风险、增强家庭发展能力必不可少的手段之一。人口的地质灾害暴露水平较高的区域一般处于自然灾害频发区，这些区域内的居民本身相较于其他地区来说生活贫困，如若没有环境迁移政策的施惠，这一贫困群体将更加难以脱贫。总的来说，环境迁移是个人与政府达成的防灾减灾最佳策略，环境迁移政策的制定直接关系到自然灾害频发地区居民外迁的生存生活保障与发展。

我国因环境迁移的群体大多数属于地理条件恶劣、经济相对落后的农村地区，因此本书着重关注农村地区的人口迁移以及安置情况。在农村地区的环境迁移的农业安置与非农业安置的选择上，国内有三种观念：第一种观念以我国过去移民的经验为基础，强调以土为本的大农业安置模式；第二种观念认为应该让农村移民进行城镇非农化安置，其主要依据是劳动力乡城转移与城市化是我国农村经济与社会发展的必然趋势，可以借着当地工程建设等契机，提前实现农村人口的城乡劳动力转移，同时缓解人地关系紧张，环境容量有限的突出矛盾；第三种观念则认为应该借鉴发达国家的安置模式，根据市场经济规律，支付给移民一定款项的补偿费后，由移民自主选择去向，其实质是一种单一补偿性的非农安置模式，由于其严重脱离目前中国的具体国情，因此持这种观念的人相对较少。

本书研究结果显示，环境移民中的农业安置迁移家庭的人均纯收入明显高于非移民普通农村家庭人均纯收入，劳务收入与其他经营性收入的比重逐年扩大，并逐渐成为农业安置迁移家庭的最主要收入来源，其他收入来源的主要部分来自政府转移性支付收入，对其的安置也起到了有利的作用。因此，农业安置迁移家庭能够实现家庭经济状况的过渡，在现阶段应该成为环境移民的首选安置模式。非农安置迁移家庭和农业安置迁移家庭比较起来，前者的各项调查数据好于后者。但通过对比非农安置迁移家庭和城镇家庭，非农安置迁移家庭还是与城镇家庭有明显的差距。由于非农安置迁移家庭失去土地，不再从事农业生产，且受到自身技能结构、生活习惯等约束，使得非农安置迁移家庭经济状况长期处于困难境地，在今后的移民工作中应该慎重选择。

第二节 相关政策与建议

一 理论研究展望

当前我国对于外力冲击、社会脆弱性与人口迁移的理论研究略显不足，有以下几个问题尚待解决：在社会脆弱性研究领域，需要加强社会脆弱性的动态研究，在不同时点上客观地反映我国社会脆弱性的演变特征；需要加强地方社会脆弱性研究，进一步深入研究省域内部尤其是县域和市域尺度的脆弱性评估结果，以便更好地反映区域内部脆弱性的差异；需要加强单一灾种的社会脆弱性研究，我国地域广大，自然灾害众多，地区性灾害具有很大差异，加强地区性灾害如洪水、干旱的研究，以便更好地把社会脆弱性的研究成果应用于政策实践。

在环境迁移方面，环境对人口迁移是否可能起决定性作用是一个值得关注的课题。如果环境不是一种决定性因素，那么它对人口迁移的影响程度究竟有多大也值得深入探讨。同时，还有如下问题值得进一步深入：某个地区的环境危机是否达到了迁移的"压力阈值"，界定这一临界点的指标需要进一步明确；环境变化带来的消极影响及其有效规避策略需要多部门的合作研究；受影响人群的具体特征及其响应策略也值得人口学界进行深入的分析。

尽管这些问题我们目前可能还无法明确回答，但能明确上述问题也可以说是一种巨大的进步，其激发了我们进一步研究有关人口环境迁移问题，明确了我们需要不断为之努力的方向，以便将更好的研究成果应用于政策实践当中。

二 防灾减灾措施建议

第一，与洪水、干旱等呈面域发展的自然灾害相比，地质灾害的区域脆弱性更多地受灾害暴露水平的制约，地质灾害防治的重点应该在于灾害风险源的识别、诊断与工程治理；第二，地质灾害防治的重点区域不全是地质灾害发育水平较高的区域，同时还决定于灾害暴露水平。地质灾害发育水平最低的枝江市董市镇、七星台镇和白杨镇说明了这一问题；第三，降低社会脆弱性有助于增强社会抵御地质灾害风险的能力，从而降低区域脆弱性；第四，从政策减灾的角度分析，政府与社会组织防灾减灾的对象应更加关注区域脆弱性更高的地区，并根据影响区域脆弱性的人口暴露水平、资产暴露水平与社会脆弱性程度这三者的影响程度大小来制定有导向性、针对性的政策措施，加强灾前预防和灾后补救措施，定期组织农户进行相关的宣传和培训，模拟灾害的发生，并在灾害发生后及时补给相应的必需品和安置费，尽可能地减少损失；第五，从技术减灾的角度分析，应综合比较分析地质灾害工程防治、资产转移与人口迁移这三者的技术可行性与技术经济性。

三 提高人口抗风险能力的对策建议

第一，应当加强环境治理力度，从根源上减少地质灾害发生频率;第二,是改善交通基础设施,加强落后贫困地区与外界经济联系,打破封闭环境对经济发展的障碍,改变当地居民故步自封的心态;第三,破解农户资金瓶颈,发展非农产业,针对区域的资源等实际情况,创建平台提供渠道使农户获取生计信息,并能根据自身情况选择适合自己发展的生计方式;第四,建立良好的地质灾害预警和防治机制,灾前积极预防,灾后及时救助,尽可能缓解地质灾害所带来的损害;第五,推动区域教育事业发展,提高区域人口素质,着眼于人力资本的投资,从硬件上加强农村基础小学和中学的建设,在软件上鼓励广大城区骨干教师和优秀大学毕业生到农村从教;第六,发展乡镇工业和山区旅游业,同时鼓励农户外出务工,促进农业人口收入多元化,帮助地质灾害频发区的居民摆脱对自然的依靠,降低地质灾害对其生产生活的冲击;第七,改善保障制度,制定特定灾害保险政策,政府和各级商业保险机构可以设立对应的特殊保险机制,通过保险提高当地农户对地质灾害的抗风险能力,保险应包括针对地质灾害对农户人身安全所造成的损害和对农户农业生产所造成的损害,保证在地质灾害中受损的农户可以通过保险来得到补偿。

四 人口环境迁移政策建议

现阶段国内外都没有建立起专门针对环境移民的规范体系,但是从当前工程移民的丰富经验当中,我们可以借鉴优秀的成果,以政府为舵手,逐步把无序的应急性的自然灾害移民,转变为有组织的符合区域环境特征、具有长效机制的环境移民。

第一,在今后的环境移民法规、政策以及规划方案修订或制订过程中,应该明确以能力贫困与能力发展理论为指导。从我国的自然地理条件来看,因环境而产生移民一般发生在自然环境较为恶劣,社会经济欠发达的落后地区,而移民的主要群体也是经济条件相对较差、受教育程度相对较低的社会弱势群体，因此在环境移民过程中，要高度关注这一人群的能力再造，贯彻能力贫困与能力发展理论，以保障相关区域和人群来提升可持续发展能力。

第二，环境移民政策的制定必须针对不同安置类型的移民家庭，使其具有差别化、针对性的特点。由于不同移民类型家庭面临的能力损失不同，那么在安置政策上就应该体现差别化与针对性。以工程移民的安置模式为例，应始终遵循"多渠道安置与鼓励外迁安置结合""因人制宜"的原则，这既是多年工程移民实践经验的总结，同时也符合移民家庭的主观意愿，有利于实现移民家庭能力的再造与发展，这一点扩宽到环境移民层面也是必要的准则之一。

第三，在环境移民过程中，需要注重环境容量的扩充与释放。环境容量不仅与自然生态环境有关，同时还与社会开放程度、科技进步、社会阻力与生活水平期望等社会因素关系密切。环境移民的一项重要工作就是在不影响生态的条件下，开发环境资源并改造其相应的社会环境。譬如库区后靠移民家庭仍能通过水库建设提供的各种契机以实现家庭经济的平稳过渡与良性发展。因此，一方面改造自然环境的同时，另一方面也促进经济与移民家庭经济发展的结合，提高并释放整体环境容量储备，这正是环境移民工作的突破口。

第四，移民跟踪调查工作是穿插在环境移民全过程中的重要主线，移民跟踪调查不仅能及时发现前期移民工作的不足，从而可以在第一时间为后续工作的调整提供指导，同时也可以为今后环境移民工作提供研究的素材与宝贵的参考。同时还建议，为了保证跟踪调研工作的连续性与公信力，负责跟踪调查的部门应该是政府与负责单位以外的第三方机构。

附　　录

附录1　课题调研组实地调研影像资料

课题调研组成员李波平（右）与秭归县国土资源局库区干部周功伟（左）

▶ 外力冲击、社会脆弱性与人口迁移

课题调研组与秭归县国土资源局库区干部周功伟（左一）讨论调研事项

课题调研组与宜昌市移民工作人员召开调研动员大会

课题调研组在宜昌市秭归县进行集体调研访谈

课题调研组成员在秭归县库区集体合影

▶ 外力冲击、社会脆弱性与人口迁移

课题调研组成员（中）访谈秭归县居民

课题调研组成员李波平（左）入户访谈宜昌市居民

附 录

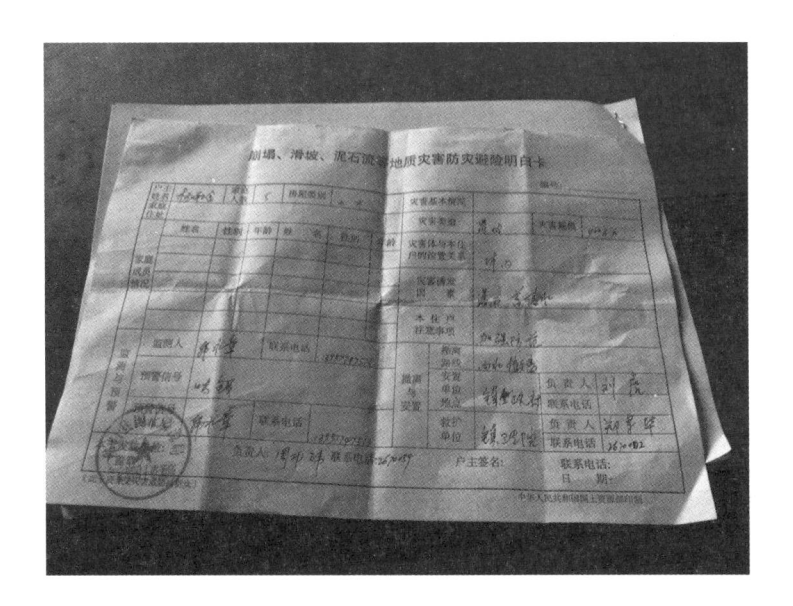

宜昌市居民填写的崩塌、滑坡、泥石流等地质灾害防灾避险明白卡

课题调研组街头采访村民

▶ 外力冲击、社会脆弱性与人口迁移

课题调研组成员（左）访谈秭归县船工居民

附录2　致课题调研组的感谢信

中南财大的朋友们：

你们好！这几天辛苦你们了！

按照上级领导们的指示，我几乎抛下手头所有的工作陪同你们开展了三峡库区地质灾害区域范围内的有关需要搬迁移民的社会调查。

作为参加国土资源管理工作20余年的一名库区干部，在这几天里，我感觉你们实实在在在做一项责任性的社会调查。也许，就算是省里的任何一个部门或者直接派驻的干部到基层，都不可能达到你们现在的调研结果。你们走后，当地的村支两委干部和理事长还有部分农户对你们的到来和离开都向我表达了真诚理解和内心真诚的感谢，相信你们是为了三峡的人民而来，为真正的事业或学术在认真作业，所有来村的调查员务实、谦虚、客观等扎实的实践理念让广大群众在茶余饭后所称赞。在陪同你们的这几天里，几乎能同时感受到所有村民的最接近黄土气息的淳朴的声音，有的真实地反映家庭在地灾中克服的种种困难，有的超乎你所问卷的要求反映他支援三峡工程建设以来这些年所顶受的承担和无声。看看吧，这就是三峡人，库区百万大移民，百密总有一疏，经历大移民后，库区地质灾害所影响的人民何止搬迁以后简单的承受！库岸崩塌、滑坡、泥石流是三峡库区最主要的地质灾害类型，在当地政府和国土部门的监管下，已最大限度地降低了地质灾害所带来的损失，但是，库区人民的安稳致富最基本的地质自然条件如何保障，恐怕是全社会都应当关心的大事！

这次无论是课题或社会调研，希望你们都为三峡人民而来，研究人民的真正的课题，才不愧是你们高材生的社会初验。

最后，祝你们一路平安，生有所值！

秭归县国土资源局

周功伟　159×××culate×6599

2013 年 4 月 26 日

后　记

本书是国家社科青年项目"基于地理信息系统的地质灾害多发地区人口分布与迁移及其调控研究"（项目编号：11CRK001）的研究成果。2011年，作为在职博士的我拿到国家社科青年项目是非常幸运的。拿到课题后，在教学任务繁重和撰写博士论文的双重压力下，如何挤出时间去开展该课题，对于我而言是一个极大的挑战。2012年年底，承蒙公共管理学院领导的照顾，我到瑞典吕勒奥理工大学社会科学系进行了为期一年的访学。在访学期间，我有了充足的时间去开展该课题研究。但同时也遇到了瓶颈——如何去研究、去开展实地调研。在此要深深地感谢我的博士生同学李波平老师和我们学科点的硕士生们——冯垒垒、江婷婷、吴岚倩、陈以春、蔡茜、徐旌皓、庞会、邹尉然！他们深入交通不便的宜昌山区开展了该课题调研，获得了课题研究的第一手数据与资料。

在课题的研究过程中，根据研究的可行性先后写了一些论文——基于HOP模型的地质灾害区域脆弱性研究——以湖北省宜昌地区为例，安置模式对水库农村移民家庭经济发展的影响，地质灾害易发地区农户家庭脆弱性分析——基于湖北省宜昌市的调查，地质灾害频发地区农户贫困成因分析——基于湖北省长阳县和秭归县的调研和人口环境迁移的国内外研究进展。最后整理研究报告时，又遇到了难题——如何将已有研究成果凝练成系统的研究报告，且契合课题申请时的研究目的。这里要特别感谢课题组成员杨俊老师及我带的硕士生们——陈敏、阮康良、张婷皮美、刘曦！杨俊老师的学术思维、学术规范性和团队管理能力，陈敏同学、阮康良同学、张婷皮美同学和刘曦同学的勤奋刻苦、善于思考，这些都让我印象深刻并感激。

课题成果提交后得到了 5 位评审专家的详细且专业的点评。感谢 5 位专家提出的宝贵意见，为本项目研究的顺利完成与完善提供了极大的帮助，也让我个人在此过程中得到了极大的锻炼和提高。

感谢我校科研部赖思源老师，在我的课题申报、中期检查及结项等各个环节做了大量工作，且总是耐心、友好地给我讲解如何正确地处理各个环节。感谢我的博士生导师杨云彦教授将我带入人口学研究的殿堂，让我有信心去申报课题并完成课题。感谢宜昌市移民局、国土资源局、卫生与计划生育委员会（原宜昌市人口与计划生育委员会）提供的数据支持！同时，感谢中国社会科学出版社徐沐熙编辑及其团队的辛苦工作！

向华丽
2017 年 12 月